예수의 마지막 날들

십자가 사건의 역사적 재구성

프랑수아 보봉 지음 · 김선용 옮김

Copyright © 2004
by Editions Labor et Fides (Genève, Switzerland)

Originally published in French as
Les Derniers Jours de Jésus: Textes et Événements
by Editions Labor et Fides, Genève, Switzerland
All rights reserved.

This Korean translation edition © 2022
by Time Education C&P Co., Ltd., Seoul, Republic of Korea
This Korean edition is published by arrangement of
Editions Labor et Fides
through rMaeng2, Seoul, Republic of Korea.

이 한국어판의 저작권은 알맹2를 통해 Editions Labor et Fides와 독점 계약한
㈜타임교육C&P에 있습니다. 신 저작권법에 의해 한국 내에서 보호를 받는
저작물이므로 무단전재와 복제를 금합니다.

Les Derniers Jours de Jésus
예수의 마지막 날들
십자가 사건의 역사적 재구성

프랑수아 보봉 지음 · 김선용 옮김

| 차례 |

서문 … 7
초판 서문 … 17

서론 … 21
1. 자료 … 25
  바울 서신 … 26
  사도행전 … 30
  수난 예고 … 33
  복음서의 수난 사화들 … 34
  정경 외 그리스도교 자료 … 49
  유대 자료 … 57
  비非유대 자료 … 64
  결론 … 66

2. 연구의 방법론적 출발점	69
3. 사건의 전개	77
4. 시간과 장소	135
결론	143
부록	161
루가 복음서 22:1-24:53	161
베드로 복음서	183
참고문헌	193
프랑수아 보봉 저서 목록	205

일러두기

· * 표시는 독자의 이해를 돕기 위해 옮긴이와 편집자가 단 주석입니다.

· 단행본 서적의 경우 『 』표기를, 논문이나 글의 경우 「 」, 음악 작품이나 미술 작품의 경우 《 》표기를 사용했습니다.

· 본문의 성서 본문은 옮긴이가 그리스어 성서에서 직접 옮겼으며 표기는 『공동번역개정판』(1999)을 따랐습니다. 다른 번역본을 사용했을 시에는 사용한 번역본을 표기했습니다.

서문

래버에피데스 출판사Éditions Labor et Fides의 편집장 가브리엘 몽몰린Gabriel de Montmollin이 제게 이 작은 책의 두 번째 판 출간을 고려하고 준비해달라고 요청했을 때 저는 주저하지 않고 기쁘게 받아들였습니다. 제안을 받아들이기 전, 저는 초판을 낸 뒤에 나온 주요 연구들을 살펴보았습니다. 이 작업에 도움을 준 조나단 본 코다Jonathan Von Kodar에게 깊은 감사를 표합니다. 몇몇 주목할 만한 연구들이 있었고 그 목록은 이 책 마지막 부분에 있는 참고문헌에 들어있습니다. 그리고 초판 서문에서 언급했던 이들에 더해 제임스 S. 맥라렌James S. McLaren*, 존 T. 캐럴John T. Carroll**, 조엘 B. 그린Joel B.

---

* 제임스 맥라렌은 호주의 신약학자이며 호주 가톨릭 대학교의 고대사 및 성서 연구 교수로 활동중이다. 주요 저서로『팔레스타인 지방의 권력과 정치』Power and Politics in Palestine,『혼돈의 시대?』Turbulent Times? 등이 있다.

** 존 T. 캐럴은 미국의 신약학자이며 현재 유니온 장로교 신학교 교수로 활동중이다. 주요 저서로『초기 그리스도교에서 예수의 죽음』The

Green[*], 앨런 왓슨Alan Watson[**], 피터 에거Peter Egger[***], 시몽 레게스Simon Légasse[****], 레이먼드 E. 브라운Raymond E. Brown[*****],

---

Death of Jesus in Early Christianity, 『예수와 복음서들』Jesus and the Gospels 등이 있다.

[*] 조엘 B. 그린은 미국의 신약학자이며 풀러 신학교 교수와 신국제신약주석New International Commentary on the New Testament의 책임 편집을 맡고 있다. 주요 저서로 『예수의 죽음』The Death of Jesus, 『십자가의 길』The Way of the Cross 등이 있으며 한국에 『누가복음 신학』The Theology of the Gospel of Luke, 『하나님 나라』Kingdom of God(터치북스) 등이 소개된 바 있다.

[**] 앨런 왓슨(1933-2018)은 스코틀랜드의 역사학자이자 법학자다. 글래스고에서 법학을 공부하고 옥스퍼드 대학교에서 박사 학위를 받았다. 로마법에 관한 권위 있는 연구로 널리 알려져 있으며 150권에 달하는 책을 남겼다.

[***] 피터 에거는 이탈리아 출신의 로마 가톨릭 신학자다. 인스부르크 대학교, 파도바 대학교를 거쳐 현재 교황 베네딕토 16세 철학-신학 대학교에서 철학과 신학을 가르치고 있다. 주요 저서로 『교회의 역사』Kirchengeschichte, 『가치의 혼돈 속 기회』Chancen im Wertechaos 등이 있다.

[****] 시몽 레게스(1926-2009)는 프랑스의 신약학자이자 로마 가톨릭 신부다. 1965년부터 1996년까지 툴루즈 가톨릭 연구소에서 신약학 교수로 활동했으며 예수의 재판, 바울 서신과 관련해 많은 저술을 남겼다. 주요 저서로 두 권으로 이루어진 『예수의 재판』Le Procès de Jésus, 『사도 바울』Paul apôtre, 『누가 예수를 죽였는가?』Qui a tué Jésus? 등이 있다.

[*****] 레이먼드 E. 브라운(1928-1998)은 미국의 신약학자이자 로마 가톨릭 신학자다. 1971년부터 1990년까지 미국 유니언 신학교에서 신약학을 가르쳤으며 교황청 성서 위원회, 가톨릭 성서학회 회장, 미국 성서학회 회장, 신약학회 회장을 역임했다. 요한 복음서 연구에 커다란 업적을 남겼다. 주요 저서로 앵커바이블 시리즈에 포함된 『요한복음 1,2』(CLC), 『메시아의 탄생』(CLC), 『메시아의 죽음』(CLC), 그리고 『간추린 신약개론』(CLC) 등이 있다.

프란체스코 아마렐리Francesco Amarelli, 프란체스코 루크레치 Francesco Lucrezi에게도 감사를 전합니다. 하지만 초판 작업을 하며 사용한 1차 자료들 외에 새롭게 추가할 만한 자료는 그리 눈에 띄지 않았습니다. 예수의 수난에 관한 역사를 쓸 때 마주하게 되는 상황은 예전과 사실상 바뀌지 않았습니다. 상황이 같으니 난점도 여전합니다. 하지만 그렇다고 해서 이 작업을 중단할 수는 없었습니다.

이러한 상황에 직면해 저는 제네바 대학교의 고대사 교수인 아달베르토 지오반니니Adalberto Giovannini에게 의견을 구했습니다. 그는 이 짧은 연구서를 다시 출간하라고 격려해 주었습니다. 다만 로마의 형법에 대한 새로운 개념을 발전시키고 있으며 초기 그리스도교 역사를 다룰 자신의 다음 책에 적용할 예정이라고 말했지요.* 그의 책이 출간되면 제가 이 책에서 개진한 견해들이 그의 견해와 비교될 수밖에 없을 것입니다. 어떻든 저는 원고를 읽고 평을 해주는 수고를 마다하지 않은 친구에게 고마움을 전합니다.

이 책은 수난 사건에 대해 역사적 관점을 취하고 있으나,

---

* 이는 다음 책으로 출간되었다. Adalberto Giovannini, *Le procès de Jésus: Autonomie judiciaire du peuple juif et juridiction pénale du pouvoir romain* (Bern: Peter Lang, 2018)

해당 주제의 종교적 차원을 무시할 수는 없습니다. 수 세기에 걸친 그리스도교인과 유대인의 격론은 복음서에 들어있는 수난 이야기를 먹고 자랐습니다.[1] 신약성서의 반反유대주의anti-Semitism라는 문제는 이러한 긴장 관계를 더욱 악화시켰지요. 그러나 이 책의 연구 주제가 언제나 첨예한 논쟁거리가 되었다는 사실이 제 열정을 누그러뜨리지는 못했습니다. 오히려, 이러한 사실은 제가 좀 더 정직하고 예리하게 탐구할 수 있도록 자극했습니다. 그러므로, 처음부터 되새겨 둡시다. 예수는 유대인이었습니다. 그리고 갈릴래아(갈릴리)와 예루살렘에서 그는 강한 반발을 낳았습니다. 이는 이스라엘의 예언자들을 둘러싸고 일어난 긴장의 전형적인 모습이기도 했습니다. 또한, 우리는 그리스도인들의 공동체가 1세기 후반까지 유대교 내부에서 일어난 운동이었음을 기억해야 합니다. 유대 고대사를 쓴 플라비우스 요세푸스Flavius Josephus의 표현을 빌려 말하면 그들은 새로운 "이단"heresy이었습니다. 또한, 당시 많은 유대인이 그러했듯 초기 그리스도인들은 그리스인들을 싫어하는 로마인들의 보호와 지지를 구하

---

[1] 복음서들은 예수 재판에 유대 지도자들의 책임이 있음을 강조하는 경향이 있습니다. 이 문제를 다룬 연구로는 다음을 보십시오. Simon Légasse, *Le procès de Jésus, l'histoire* (Paris: Cerf, 1994)

려고 했습니다. 이러한 사실은 루가 복음서(누가복음)와 같은 많은 그리스도교 자료가 예수의 심문과 죽음에 관련된 빌라도의 책임을 최소화하려 노력했다는 점을 설명해줍니다. 하지만 이와 같은 경향성에도 불구하고, 그 누구도 로마의 처벌인 십자가형의 기억을 지우려 하지 않았습니다(모세의 율법에 부합하는 처벌로 십자가형을 대체하지 않았다는 말이지요). 본 연구에서는 산헤드린의 예수 기소가 지닌 종교적 측면과 정치적 측면도 다루려 합니다. 당시 둘은 불가분의 관계에 있었기에 당시 유대 지도자들을 부정직하다거나 위선적이라고 비난할 수는 없습니다. 저는 유대인들이 하느님을 죽였다는 생각이 그리스도교인들의 의식에서 영원히 사라지기를 희망합니다. 아직은 희망 사항일 뿐이지만 말이지요. 인간의 죄과가 세대를 걸쳐 전해져서는 안 됩니다. 부모가 신 포도를 마구 먹었기 때문에 그 자녀들의 치아가 상해야 한다는 생각은 공정하지 않습니다. 누가 21세기 로마인들을 향해 율리우스 카이사르Julius Caesar의 암살에 대한 책임을 묻겠습니까? 현대 프랑스인이나 영국인에게 수백 년 전 잔 다르크Joan of Arc 재판에 대해 책임을 물어야 한다고 생각하는 사람이 어디 있을까요? 같은 맥락에서 우리는 예수의 죽음도 지나간 시간에 속한 사건으로, 제한된 공간에서 일어난 하나의 사건으로 보아야 합니다.

초판 출간 이후 역사가로서의 저 자신에 대한 의식은 크게 바뀌었습니다. 오늘날 저는 역사 연구의 한계를 더 분명하게 인지하고 있습니다. 예전과 견주었을 때 저는 과거에 대한 서술은 어떠한 방식으로든 과거를 '재구성'한 서술임을 더 깊게 이해합니다. 자료와 증언을 최대한 객관적으로 검토하더라도 역사 서술은 검토하는 사람의 정체성과 관심사의 영향에서 완전히 벗어날 수 없다는 점에 대해서도 예전보다 더 깊이 이해하게 되었습니다. 그러니, 이 책은 역사가이자 그리스도교 신자이며 신학자가 썼다는 사실을 미리 밝혀둡니다. 하지만 그렇다고 해서 무언가를 이해하는 것이 불가능하다는 견해에 굴복하지는 않습니다. 영미권에서 이야기하는 이른바 '편향성'biases, 그리고 편견에도 불구하고 저는 의식적이든 무의식적이든 사람들 사이에는 합리적인 소통이 가능하다고 믿으며 동일한 증거를 해석하며 다양한 견해가 나오더라도 결국 일정한 합의에 이를 수 있다고 생각합니다. 역사 연구는 테오도르 몸젠Theodor Mommsen의 시대 이후로 계속 복잡해졌지만, 불가능할 정도는 아닙니다. 이 책에서는 최소한 이러한 믿음을 전제로 합니다.

초판 본문은 거의 수정하지 않았으나, 몇 군데 정확성을 높였습니다.[2] 그리고 초판을 쓸 때와는 달리 저는 베드로 복음서를 중요한 자료로 간주하게 되었으며 산헤드린 공회의 정체와 기능에 대해서도 의문을 갖게 되었습니다(초판에서는 그렇게 하지 않았습니다). 또한, 십자가 위에서 예수가 했다고 전해지는 말들(이른바 가상칠언)을 실제로는 하지 않았다고 여기는 이유를 좀 더 자세히 설명했습니다. 독자분들을 위해 모든 수난 사화 본문을 부록에 싣고 싶었으나 이 얇은 책에 담기에는 지나치게 분량이 많아 루가 복음서의 수난 본문만을 싣기로 결정했습니다. 이 본문은 다른 곳에서 출간된 루가 복음서 주석서에서 자세히 다루었습니다. 그리고 정경 외 본문 중에서는 잘 알려지지 않은 베드로 복음서를 골랐습니다. 두 본문은 부록에 수록되어 있습니다.

성서 구절은, 몇 군데 살짝 고친 것 외에는 '신개정표준판'NRSV을 사용했습니다. 부록에 실은 루가 복음서의 수난 본문도 역시 신개정표준판에서 가져왔습니다.* 참고문헌 목

---

[2] 다만 루가 복음서 수난 사화에서 자료들이 교차하는 부분에 대한 논의를 수정했습니다. 이제 저는 루가가 해당 장들을 작성하며 마르코 복음서에만 의존했다는 가설을 받아들이지 않으며 두 개의 자료, 즉 마르코 복음서와 루가 본인의 특수자료를 참고했다고 생각합니다.

* 이 책에서 옮긴이는 가능한 한 그리스어 성서를 충실하게 사역했고, 다른 성서 번역본을 인용할 때는 따로 표기를 해두었다. 다른 고대 문헌 인용도 따로 밝혀둔 표시가 없으면 모두 옮긴이가 번역한 것이다.

록은 마이클 핵스비Mikael Haxby의 도움을 받아 갱신했습니다. 초판과 마찬가지로 참고문헌의 순서는 출판연도에 따라 작성했습니다.

마지막으로 뛰어난 프랑스어 실력과 우아한 영어 문체를 가지고 영문판을 훌륭하게 번역한 크리스틴 헤네시Kristin Hennessy에게 깊이 감사드립니다. 그녀와 함께 작업하며 번역의 뉘앙스를 두고 토론하는 시간은 즐거웠습니다.

프랑수아 보봉
매사추세츠 케임브리지에서
2005년 9월

초판 서문

 이 작은 책은 어떤 학문적 야심이 있는 책이 아닙니다. 이 책의 의도는 요제프 블린츨러Joseph Blinzler, 폴 윈터Paul Winter, 피에르 베누아Pierre Benoit가 쓴 고전적인 저술과 경쟁하는 것이 아닙니다.* 저는 이 책을 대중의 관심에 부응하기 위해 썼습니다. 하지만 대중의 눈에 맞춘다 해도 비평적인 접근을 내려놓지는 않았지요. 대중은 역사가들과 주석가들이 어떤 문제를 두고 고민하고 망설이는지를 알 자격이 있습니다. 그래서 저는 어느 지점에서 논쟁들이 있는지를 그대로 보여주고 그 가운데 제 나름의 결론을 제시하려 했습니다. 제 주요 관심사는 방법론입니다. 예수의 마지막 날들을 다룬 많은 책은 (상당히 학문적인 책조차) 방법론에 충분한 관심을 기울이지

---

* 다음의 책을 가리킨다. Josef Blinzler, *Der Prozess Jesu: das jüdische und das römische Gerichtsverfahren gegen Jesus Christus auf Grund der ältesten Zeugniss* (Regensburg: F. Pustet, 1969) Paul Winter, *On the Trial of Jesus* (Berlin: Walter de Gruyter, 1961) Pierre Benoit, *Passion et Résurrection du Seigneur* (Paris: Cerf, 1966)

않았기에 부주의한 내용을 담고 있습니다. 이 때문에, 이 책은 일차적으로 현존하는 자료를 주의 깊게 살피면서 연구의 적절한 출발점을 선택하고, 사건이 실제로 일어난 개요를 명료하게 설명하는 데 주의를 기울입니다. 본 연구는 역사학의 영역에 속하지만, 그렇다고 해서 이 책의 결론이 신학적 의미를 결여하고 있지는 않습니다. 최근 학계는 역사에, 그리고 심리적, 사회적, 정치적, 경제적 맥락에 계시의 의미를 부여하는 작업의 가치를 재발견했습니다. 예수 수난에 대한 역사적 해명의 의의는 오직 신학적 기획에 기여하는 데 있습니다.

여기서 다루는 주제는 역사, 주해, 법률이 미묘하게 겹치는 지점들을 아우르기 때문에 저는 다양한 영역의 전문가들과 협동 작업을 해야 했습니다. 도움을 준 두 명의 고대사 교수(제네바 대학교의 데니스 판 베어헴Denis van Berchem과 로잔 대학교의 장 베랑제Jean Béranger), 그리고 제네바 대학교 법학과의 로마법 교수 피에르 코르니올리Pierre Cornioley에게 감사를 전합니다. 세 학자는 자신들의 전문지식을 저에게 나누어주었습니다. 또한, 친구이자 법학박사인 자크 메일랑Jacque Meylan에게도 감사를 표하고 싶습니다. 그는 이 책의 원고를 기꺼이 읽고 주의 깊은 비평을 해주었습니다. 마지막으로 색인을 만들어 준 다니엘 호크포Daniel Roquefort에게 감사를 전합니다. 곧 보시겠지만 각주는 독서에 부담을 주지 않도록 최소한으로 줄였습니다. 전문가들은 이 책이 다른 연구들에 많은 빚을 졌다는 사실과 이 책이 다른 연구와 차이가 있는 부분을 금세 알 수 있을 것입니다. 책 마지막에 있는 참고문헌 목록이 적은 수의 각주를 보충하기를 소망합니다.

프랑수아 보봉

스위스 베닝에서

1973년 8월 1일

서론

    부활이라는 빛으로 이해된 예수의 죽음은 오늘날까지도 서구 문명을 특징짓는 두 흐름을 만들어냈습니다. 바로 그리스도교와 반유대주의지요. 골고다의 십자가가 없었다면 그리스도교 공동체는 생기지 않았을 것입니다. 고대 교회가 성장하지 않았다면 유대인에 대한 미움이 그토록 증폭되지는 않았을 것입니다. 이러한 종교적이고 정치적인 파급효과를 고려하면 예수의 마지막 날들에 대한 역사적 연구는 반드시 필요해 보입니다.

    예수의 수난은 그리스도교 신앙의 기원이기에 신학자들은 예수의 수난 사건에 특별한 관심을 기울였습니다. 이와 관련된 좋은 저술은 셀 수없이 많지만, 결정판은 나오지 않 았습니다. 이 주제에 관한 연구를 가로막는 여러 장애물이 있기 때문이지요. 첫째, 현존하는 자료들이 주의 깊은 분석을 필요로 합니다. 둘째, 우리는 예수 당시 유대인 사회 내 처벌 절차는 물론 로마 속주의 법에 대해서도 단편적이고 불확실한 지식만을 갖고 있습니다. 셋째, 유죄 판결을 받은 사람(나자렛(나사렛) 예수)의 행동과 의도가 여전히 수수께끼로 남아 있습니다. 마지막으로 그리스도교 학자들과 유대인 학자들이 이 주제를 연구할 때 종종 객관성을 잃을 때가 있습니다.

이 중 가장 극복하기 어려운 것은 마지막 장애물입니다. 오랫동안 그리스도교인들 사이에서는 예수의 수난에 대한 어떤 선입견이 형성되었습니다. 진리를 알아보지 못한 유대인들이 죄 없는 하느님의 아들을 신성모독죄로 고발해 죽음에 이르게 했다는 생각 말이지요. 이러한 역사의 재구성 때문에 예수를 정죄한 이들, 즉 유대인에 대한 혐오가 교회 안에서 생겨났습니다. 그리고 그리스도교 학자들은 '주님'의 죽음을 역사적으로 분석할 때 이러한 편견을 떨쳐버리는 데 어려움을 겪었습니다. 한편 유대인 학자들은 의식했든, 의식하지 못했든 간에 예수의 죽음을 다루며 그 책임을 행정 장관 빌라도에게 전가하곤 했습니다.

이 책에서는 종려주일부터 부활주일까지 예루살렘에서 어떠한 일이 일어났는지를 재구성해보려 합니다. 먼저, 사건 자체와 사건을 기록한 첫 번째 자료들 사이에 분명한 간극이 있다는 점에 주목하며 현존하는 자료들을 살펴보고 평가할 것입니다. 이때 해석이라는 행위는 불가피하게 주관적인 과정이라는 점도 고려할 것입니다. 예수의 수난과 관련해 이 사건에 관여하게 된 이들, 목격자들이 먼저 해석을 했고 교회 구성원들은 앞선 해석을 통해 역사적 사건을 바라보며 이를 또다시 해석했습니다. 우리는 역사에서 순전한 사실만 추출할 수 없습니다. 우리는 사건을 기술하는 매개인 언어를 통해서만 사건을 관찰할 수 있습니다. 모든 사건에 대한 증언은 사건에 대한 특정 이해를 따라 재구성됩니다. 처음에 이 과정은 다양한 해석을 산출하나 시간이 흐르며 권위를 지닌 특정 해석자들이 이 다양한 해석을 단일한 해석으로 축소합니다. 그렇기에 역사가가 역사를 서술할 때는 실제 일어난 사건에 대한 다양한 주장을 담은 자료들을 마주하게 됩니다. 이는 무엇보다도 중요한 사실입니다.

|
자료

 예수의 수난을 다룰 때 역사가가 활용할 수 있는 자료로는 그리스도교 정경, 비정경 자료, 몇몇 유대 문헌, 그리고 이방인 저자가 남긴 문서가 있습니다. 복음서들에 담긴 수난 사화passion narrative는 초창기 교회의 개작을 거친 긴 이야기입니다. 이 수난 사화들은 가장 널리 알려진 자료지만, 복음서들은 기원후 70-100년에 쓰였으므로 예수의 재판과 죽음에 대한 가장 오래된 기록은 아닙니다. 이 장에서는 예수의 수난과 관련이 있는 자료들을 오래된 순서대로 하나씩 살펴보겠습니다.

바울 서신

사도 바울의 편지들은 현존하는 가장 오래된 그리스도교 문서입니다. 이 편지들에는 당시 전례에 사용한 문구들의 단편이 들어있습니다. 신약학자들이 바울 서신에서 발견한 찬송과 신앙 고백들 가운데는 예수의 죽음에 관한 가장 오래된 언급이 있습니다. 이 기록들은 예수의 죽음과 부활을 떠올리게 하는 내용이 있지만, 역사적인 세부 사항까지 언급하지는 않지요. 실제 일어난 사건들로 선포되기는 했지만, 그리스도교 신앙의 관점에서 두 사건은 이미 역사를 넘어선 차원에 있었습니다. 바울은 고린토인들에게 보낸 첫째 편지(고린도전서)에서 말합니다.

> 그러나 우리는 하느님의 신비 속에 감추어져 있던 지혜를 말합니다. 이 지혜는 하느님께서 우리의 영광을 위하여 아주 오래전에 미리 정하신 것입니다. 이 세대의 통치자들 가운데 아무도 이 지혜를 깨닫지 못하였습니다. 만약 그들이 깨달았더라면, 영광의 주님을 십자가로 처형하지 않았을 것입니다. (2:7-8)

초기 그리스도교인들은 예수의 죽음과 부활을 둘러싼 역사의 전후 관계보다는 예수의 죽음과 부활이 구원과 관련해 지닌 의미에 더 큰 관심을 기울였습니다. 로마인들에게 보낸 편지(로마서) 3:23-26은 그 대표적인 예입니다. 여기서 예수의 십자가 사건은 기본적으로 역사적 사건이 아니라 희생제라는 사건입니다.

> 모든 사람이 죄를 지어서 하느님의 영광을 잃었습니다. 그런데 (이 모든 사람은) 의롭다고 여겨졌습니다. 대가 없이 하느님의 은총으로, 그리스도 예수 안에 있는 구속(노예 상태에서 풀려남)을 통해서 말입니다. 하느님은 예수를 언약궤의 뚜껑(혹은 시은좌施恩座, 혹은 희생제)으로 세상에 내놓으셨습니다. 예수의 피 안에서, 믿음을 통해서 그렇게 하셨습니다. 이는 이전에 저지른 죄들을 (그냥) 보아 넘기심으로써 하느님의 의로움을 증명하기 위함이며, 하느님께서 인내하시는 가운데 지금 이 때에 자신의 의로움을 증명하기 위함이며, 하느님 자신이 의롭고, 예수에 대한 신뢰(또는 예수의 신실함)를 기초로 의롭게 여기는 분이라는 것을 보여주시기 위함입니다.

고린토인들에게 보낸 첫째 편지 15:3-5은 예수의 죽음과 부활을 메시아의 죽음과 부활로 표현합니다.

> 나도 전해 받은 가장 중요한 것을 여러분에게 전했습니다. 그리스도께서 성경대로 우리 죄를 위하여 죽으셨다는 것과, 무덤에 묻히셨다는 것과, 성경대로 3일째 되는 날에 일으켜 지셨다는 것과, 게바에게 나타나시고 다음으로 열둘에게 나타나셨다는 것을 말입니다.

필립비인들에게 보낸 편지(빌립보서)에서는 예수가 역사 이전에 이미 있었고 역사 가운데로 들어왔다고 말합니다.

> 여러분 안에 이 생각을 품으십시오. 그것은 곧 그리스도 예수 안에 있던 생각이기도 합니다. 그는 하느님의 모습을 지니셨지만, 하느님과 동등하신 상태를 놓칠 수 없이 귀중한 것으로 간주하지 않으셨습니다. 오히려 자신을 비워서 노예의 모습을 취하시고, 사람과 같은 모습이 되셨습니다. 생김새로는 사람으로 나타나셨고, 자기를 낮추시고, 죽기까지 순종하셨습니다. 십자가의 죽음까지요! 그래서 하느님께서는 그를 크게 높이시고, 모든 이름을 능가하는 이름을 그에게 선물하셨습니다. 하늘과 땅 위와 땅 아래 있는 모든 것들

이 예수의 이름 앞에 무릎을 꿇게 하시고, 하느님 아버지의 영광을 위해 모든 혀가 주님은 예수 그리스도라고 고백하도록 하기 위해서요. (2:5-11)

마지막으로, 로마인들에게 보낸 편지 4:24-25는 성금요일과 첫 부활절에 일어난 사건이 신자들의 죄를 용서하는 힘을 지녔다고 말합니다.

> (하느님께서 아브라함을 의롭다 하신 것은) 우리를 위한 것이기도 합니다. 하느님께서 의롭다고 여겨 주실 우리, 곧 우리 주 예수를 죽은 사람들 가운데서 일으키신 분을 믿는 우리까지도 위한 것입니다. 예수는 우리의 범죄 때문에 넘겨지셨고, 우리의 의로움을 위해 일으켜지셨습니다.

이 구절들을 제외하면, 바울 서신과 제2 바울 서신에는 별다른 역사 정보가 없습니다. 기껏해야 데살로니카인들에게 보낸 첫째 편지(데살로니가전서)에서 유대인들이 "주 예수와 예언자들을 죽"였다는 언급(2:15), 고린토인들에게 보낸 첫째 편지에서 성찬 제정과 "예수가 배반당한 그 밤"을 연결한 부분(11:23), 디모테오에게 보낸 첫째 편지(디모데전서)에서 "본티오 빌라도 앞에서" 예수가 "선한 증언"을 했다는 언급(6:13) 정도가 있을 뿐이지요.

사도행전

사도행전에 기록된 선교 설교들은 루가(누가)-행전 저자가 작성했습니다. 이 설교들은 편집과 재구성의 산물이지만, 그럼에도 불구하고 상당히 오래된 전승층에 속한 흔적을 담고 있습니다. 사도행전에 수록된 수난 사화 대부분(2:22-24,36, 3:13-15,17-18, 4:10-11,25-28, 5:28,30, 7:52, 10:39-41, 13:27-29)은 예수의 죽음을 인간이 벌인 일로, 예수의 부활을 하느님께서 행하신 일로 대조하여 그립니다. 예수의 죽음에 책임이 있는 이들은 유대인 지도자들과 예루살렘 거주민들입니다. 이들이 벌인 일은 실로 불행한 일입니다. 그러나 그럼에도 하느님께서는 자신이 계획하신 바를 이루십니다. 베드로의 오순절 설교는 이러한 관점을 잘 보여줍니다.

> 이스라엘 사람들이여! 이 말들을 들으십시오. 여러분도 아시듯이, 나자렛 예수는 기적들과 놀라운 일들과 표징들로 하느님에 의해 입증된 분입니다. 하느님은 그를 통하여 여러분 가운데서 이러한 일들을 행하셨습니다. 바로 이분을

여러분이 율법을 가지지 않은 자들의 손에 넘겨 십자가 처형으로 없애 버렸습니다. 이는 하느님의 정해 두신 의도와 예지에 따른 것이었습니다. 바로 이분을 하느님은 죽음의 고통에서 풀어주시고 다시 일으키셨습니다. 이분이 죽음에 붙잡혀 있는 것은 불가능하기 때문입니다. (2:22-24)

그런데 예수의 수난이 실제로 어떻게 전개되었는지 구체적으로 서술할 때 사도행전은 유대인들이 예수를 빌라도에게 넘겼고 심판은 빌라도가 했다는 점을 강조합니다. 한 구절은 예외인데 여기서는 예수가 재판을 받게 된 책임이 유대인에게 있다고 말합니다.

예루살렘에 사는 사람들과 그들을 다스리는 자들이 이분을 알아보지 못했고, 안식일마다 늘 낭독되는 예언자들의 목소리도 깨닫지 못해서 이분을 정죄했습니다. 그래서 그들은 예언자들의 목소리가 실현되게 했습니다. 사형 판결을 내릴 아무런 이유를 찾지 못했지만 빌라도에게 예수를 없애 달라고 요구했습니다. 예수에 관해 기록되어 있는 모든 일을 끝내고, 그들은 (예수의 시신을) 나무에서 내려다가 무덤에 두었습니다. 하지만, 하느님이 그분을 죽은 사람들 가운데서 일으키셨고, 예수는 자신과 함께 갈릴래아에서 예루살렘으로 올라온 사람들에게 여러 날 동안 나타나셨습니다. (이제) 이 사람들이 백성들 앞에서 그분의 증인들입니다. (13:27-31)

루가의 편집이 어떤 식으로 이루어졌느냐는 문제를 일단 접어 두면, 우선 이 구절들은 유대인들에게 예수의 수난과 부활을 선포할 때 초기 그리스도교인들이 암묵적으로 갖고 있던 전통적인 사건 개요 이해를 보여줍니다. 이 이해는 두 가지 요소로 이루어져 있습니다. 첫째, 유대인들은 빌라도 앞에서 예수를 고발했고 빌라도는 예수를 처형하라고 명령했습니다. 둘째, 하느님이 예수를 살리셨습니다. 바울 이전 전승이나 바울 서신과 견주었을 때 이러한 사건 개요 이해는 실제 사건의 전개 과정과 더 밀접한 연관이 있습니다.

루가는 이러한 전통적인 이해를 다른 복음서들의 수난 사화들과 조화시키는 방식으로 자신의 복음서를 편집했습니다. 대표적인 예로는 바라빠(바라바, 사도 3:13-14, *사도행전 본문에는 "살인자"라고 나온다)와 헤로데(헤롯)에 대한 기록(4:25-28)입니다. 하지만 이 조화의 흐름을 방해하는 한 구절이 있는데 바로 위에서 언급한 사도행전 13:27-29입니다. 여기서 루가는 다른 복음서들이 보도하는 바와는 달리 아리마태아(아리마대) 요셉이 아니라 예수에게 적대적이었던 유대인들이 예수의 시신을 매장했다고 말하지요. 그러나 전반적으로 전통적 사건 개요 이해(이 이해에 산헤드린에서 열린 재판은 들어가지 않습니다)는 복음서 전체 이야기들에 영향을 받지 않는 모습을 보입니다.

수난 예고

복음서에 수록된 수난 예고는 예수가 직접 한 말이 아니라 초창기 그리스도인들의 전승에서 유래한 것입니다(마르 8:31, 9:31, 10:33-34 그리고 병행 구절들). 예수는 자신에게 죽음이 임박했음을 분명히 알고 있었으나(마태 23:37-39), 마르코 복음서에 기록된 것처럼 구체적인 예고를 할 수는 없었을 것입니다. 전승에서 유래하고 루가 복음서에 기록된 두 문구(루가 13:32, 13:33)는 수난 예고보다 예수 자신의 관점을 더 정확하게 표현합니다. 이 두 문구는 서로 일치하지는 않으며 초기 그리스도교 전승과도 다릅니다. 전승에서는 '사흘'을 예수의 죽음과 부활 사이의 시간을 가리킬 때 쓰는 것과 달리, 루가 복음서는 예수 생애의 단계들, 특히 그의 사역을 묘사할 때 씁니다. 이 구절들에 담긴 더 오래된 전승에 따르면 예수는 이렇게 말했습니다.

> 보라, 오늘과 내일은 내가 귀신을 쫓아내며 치유를 행하고,
> 사흘째에 나는 완전해질 것이다(혹은, 내 목표에 도달할 것이다).
> (루가 13:32)[1]

마르코 복음서에서 유래한 수난 예고들, 특히 세 번째 예고는 다른 예고들과는 사뭇 다르면서도 여전히 전통적인 수난 사건 개요를 담고 있습니다. 하느님이 계획한 것으로 묘사된 수난("하느님의 아들은 마땅히 겪어야만 한다"(마르 8:31))은 네 단계로 전개됩니다. 첫째, 그리스도는 유대 지도자들에게 넘겨집니다. 둘째, 이방인들에게 넘겨집니다. 셋째, 그는 처형당합니다. 마지막으로 넷째, 그는 사흘째 일으켜집니다. 이러한 네 단계의 사건 전개 개요는 수난 사화의 전통적인 틀로 보입니다.

복음서의 수난 사화들

시간이 흐르면서 수난 예고에 들어있는 (네 단계로 이루어

---

1 다음을 보십시오. François Bovon, *L'Évangile selon saint Luc* (9:51-14:35), Commentaire du Nouveau Testament 3b (Genève: Labor et Fides, 1996)

진) 사건 개요는 다른 전승에서 유래한 일화들을 흡수해 긴 이야기가 되었습니다. 수난 사화는 이러한 흡수 과정을 통해 만들어진 이야기입니다. 루가 복음서에서 유대인을 상대로 한 메시지에 들어있는 예수 수난 사건 개요와 더불어 바울 이전부터 그리스도인들의 공동체가 사용한 공식 문구들formulas에서 언급하는 사건들도 수난 사화에 포함되었습니다. 이러한 이야기들은 전례liturgy의 필요에 부응해 나왔을 가능성이 매우 큽니다. 물론 당시 모든 그리스도인들의 공동체가 동일한 성찬 의례를 하지는 않았습니다. 예수를 선생이자 예언자로 공경했던 공동체들은 성찬 의례를 전혀 하지 않았을 수 있습니다. 하지만 많은 공동체, 특히 예루살렘과 안티오키아(안디옥)에 있던 공동체들은 주님의 수난과 부활로 대표되는 중요한 사건들을 성찬을 하며 되새기기를 원했습니다. 그들은 이 특별한 사건들이 중요하고 엄숙하다고 생각해 의례를 할 때마다 이에 관한 이야기를 나누기로 했습니다. 이렇게 다양한 형태를 지닌 수난 사화는 공동체가 의례를 하는 동기가 됨과 동시에 그 바탕이 되었습니다. 유대인과 그리스인이 그랬듯 초기 그리스도인들은 의례를 행하며 자신들의 신성한 기원과 공동체의 뿌리를 되새기는 가운데 이야기(수난 이야기)와 의례를 연결했습니다. 이러한 맥락에서 그리스도교 의례는 복음서에 들어있는 수난 사화가 만들어지게 된 현실적인 배경Sitz im Leben이라 할 수 있습니다. 네 편의 복음서에 들어있는 수난 사화들이 서로 유사하며 통일성이 있는 이유는 이 사화들이 그리스도교 전례(아마도 1년에 한 번 했을 것입니다)에서 쓰였기 때문입니다.

전반적으로 통일성이 있긴 하나 각 복음서의 수난 사화는 각기 독특한 특징을 갖고 있습니다. 이제부터는 각 복음서의 주요 특성을 살펴보겠습니다.

마르코 복음서는 복음서 전체가 수난 이야기를 중심으로 작성된 것으로 보입니다. 이러한 마르코 복음서의 특징을 알더라도, 정확히 어디서부터 수난 사화가 시작되는지(예루살렘 입성, 성전 정화, 제사장들의 음모를 보도하는 11장부터인지, 아니면 예수를 죽이려는 계획을 보도하는 14장 1절부터인지) 특정하기 어렵습니다. 어떠한 경우든 14장에서는 예수의 운명에 초점을 맞추고 이야기가 진행됩니다. 예수를 죽이기 위한 모의(마르 14:1-2), 베다니아(베다니)에서 여인이 예수의 머리에 향유를 부은 일(14:3-9), 유다의 배신(14:10-11), 유월절 준비(14:12-16), 배신자 지목(14:17-21), 마지막 저녁 식사(14:22-25), 올리브 산에 오른 일과 베드로의 부인을 예언한 일(14:26-31), 게쎄마니(겟세마네) (14:32-42), 예수 체포(14:43-52), 산헤드린 앞에 선 예수와 예수를 향한 사람들의 조롱(14:53-65), 베드로의 부인(14:66-72), 산 헤드린의 두 번째 모임과 빌라도 앞에선 예수, 그리고 바라빠 이야기(15:1-15), 예수를 모욕한 일(15:16-20a), 골고다로 가는 길과 십자가(15:20b-27), 십자가에서의 모욕(15:28-32), 예수의 죽음(15:33-39), 십자가 주위에 서 있는 사람들(15:40-41), 매장(15:42-47), 그리고 빈 무덤(16:1-8).[2]

이 이야기를 통해 마르코는 시종일관 독자들에게 예수의 죽음이 우연히 일어난 사건도 아니고 돌이킬 수 없게끔 종결된 사건도 아님을 보여주려 합니다. 그는 하느님의 계획에서 비롯되어 필연적으로 일어난 일련의 사건들의 결말로 예수의 죽음을 제시합니다. 여기서 십자가 처형은 두 가지 의미를 담고 있습니다. 첫째, 십자가는 예수가 사탄과 벌인 전투가 끝났음을 알립니다(마르코 복음서는 전체 이야기 흐름을 그리스도와 사탄의 대립이 점차 격화되는 것으로 묘사합니다). 둘째, 십자가는 죄의 용서에 따른 인류의 구속을 가져옵니다(마르코 복음서는 예수의 사역을 온 인류를 위한 섬김으로 표현합니다).

마태오 복음서의 경우 대부분 마르코 복음서 본문을 따

---

[2] 가장 오래된 사본 대다수는 마르코 복음서 16:9-20이 원본에는 없었음을 보여줍니다. 이 구절들은 마르코 복음서에 부활 현현 기사가 없는 점을 보완하기 위해 기원후 2세기경 덧붙여졌습니다.

르지만, 몇 가지 세부 사항(유다의 죽음(27:3-10), 빌라도의 손 씻음(27:24), 무덤을 지키는 경비병들(27:62-66), 경비병의 보고(28:11-15), 부활한 예수의 현현과 제자들에게 임무를 부여함(28:16-20))을 이야기에 덧붙입니다.

신학적 관점에서, 마태오 복음서는 예수의 죽음을 히브리 성서에 나오는 예언의 성취로 이해합니다. 그는 죽기까지 율법의 요구에 완전히 순종했습니다. 죽음에 이르기까지 예수는 하느님에게 전적으로 순종했습니다. 그리고 이는 초자연적인 힘의 사용을 거부하는 것을 수반합니다. 마태오 복음서에서 그리스도는 어떠한 힘도 행사하기를 거부함으로써 모든 힘을 얻습니다. 그렇기에 모든 힘을 내려놓고 수난을 받는 사건은 역설적으로 그가 참된 주권의 소유자임을 보여주는 징표입니다. 이러한 맥락에서 마태오 복음서는 예수가 참된 주권자로 등극할 미래를 앞당겨 보여주는 방식으로 수난을 그립니다. 예수는 죽음으로 새로운 언약을 세웠습니다. 또한, 그는 신자들의 죄를 용서하고 교회 공동체를 설립했습니다. 이 공동체에서는 신자들이 하느님의 부름에 응답하여 신실한 순종의 길을 걷습니다. 마지막으로, 마태오는 예수의 죽음이 지닌 종말론적 성격을 강조하며 부활한 예수가 언제까지나 그의 공동체와 함께한다고 주장합니다.

루가 복음서 이야기는 마르코 복음서 이야기와 순서가 상당히 다릅니다. 먼저, 향유 붓는 여인의 이야기가 일찍 등장합니다(7:36-50).[3] 또한, 성찬 제정(22:14-20)은 배신자를 지목하는 이야기보다 앞에 나옵니다. 루가 복음서에서 최후의 만찬은 참으로 높은 사람이 누구인지에 대한 가르침과 베드로의 운명, 그리고 신자들이 준비하고 있어야 함을 말하는 고별 강화를 포함합니다(22:24-38). 베드로의 부인을 예고하는 장면도 마르코 복음서와는 달리 올리브 산으로 떠나는 장면 전에 나오지요. 이러한 차이점을 근거로 어떤 학자들은 루가 복음서 저자가 마르코 복음서를 따르지 않고 별도의 수난 사화 자료(아마도 요한 복음서 저자가 사용한 전승과 관련이 있었을 것입니다)를 사용했다고 주장합니다. 또 다른 학자들은 루가 복음서 저자가 마르코 복음서만을 선별해 사용했으며 이를 적극적으로 개정했다고 주장합니다. 가장 설득력 있는 설명은, 루가 복음서 저자가 두 개의 자료, 즉 마르코 복음서와 루가만 갖고 있던 특별한 자료(*보통 루가의 특수자료라고 부른다)를

---

3   다음을 보십시오. Erika Heusler, *Kapitalprozess im lukanischen Doppelwerk: die Verfahren gegen Jesus und Paulus in exegetischer und rechtshistorischer Analyse*, NTAbh, NF 38 (Münster: Aschendorff, 2000) 그리고 다음도 참조하십시오. Alexandru Neagoe, *The Trial of the Gospel: An Apologetic Reading of Luke's Trial Narratives*, SNTSMS 116 (New York: Cambridge University Press, 2002)

사용해 능숙한 솜씨로 두 자료를 엮어냈다는 것입니다.[4] 두 자료는 꽤나 유사해서 루가는 각 자료에서 가장 좋은 부분을 가져와 교차하는 형식으로 엮어냈습니다. 먼저 그는 마르코 복음서에 있는 예수를 죽이려는 모의를 담은 단락과 유월절 준비 이야기를 그대로 가져왔습니다(22:1-14). 그러고는 자신의 특수자료를 사용해 최후의 만찬과 고별 강화 장면을 그렸습니다(22:15-46). 그 뒤에는 다시 마르코 복음서를 사용해 예수의 체포, 베드로의 부인, 예수의 모욕, 산헤드린 심문, 빌라도의 재판을 기술했습니다(22:47-23:5). 그러고는 다시 자신의 특수자료를 사용해서 헤로데 이야기, 바라빠 이야기, 예수의 정죄 받음, 십자가로 향하는 길, 십자가 처형을 서술했습니다(23:6-43). 예수의 죽음과 빈 무덤 이야기는 다시 마르코 복음서를 사용해 기술했으며(23:44-24:11), 베드로가 빈 무덤에 간 이야기, 엠마오 이야기, 열 한 제자에게 부활한 예수가 나타난 이야기, 그리고 승천(24:12-53)은 모두 특수자료를 사용해 기술했습니다.

이 긴 이야기에서 루가 복음서에만 나오는 여러 독특한 요소들은 관심을 기울여 볼 만합니다. 한밤중에 산헤드린 공

---

[4] 다음을 참조하십시오. François Bovon, 'The Lucan Story of the Passion of Jesus', *Studies in Early Christianity* (Tübingen: Mohr Siebeck, 2003), 74-105.

회가 열렸다는 이야기는 루가 복음서에 나오지 않습니다. 루가는 이 이야기의 일부 내용(이를테면 성전을 두고 예수가 한 말을 생략합니다)을 유대 지도자들의 아침 회합 장면으로 옮겼습니다(22:66-23:1). 이 아침 회합 장면은 루가 복음서를 제외하면 마르코 복음서에만 나옵니다(마르 15:1). 예수가 갈릴래아의 분봉왕 헤로데 안티파스 앞에 서고 모욕을 당한 이야기(루가 23:6-12)는 오직 루가 복음서에만 나옵니다. 루가 복음서는 예수가 로마 군인들에게 조롱당한 일은 언급하지 않지만(마르 15:16-20a와 비교해 보십시오), 예수와 함께 십자가에 매달린 도둑과 예수가 나눈 대화를 기록했습니다(루가 23:39-43). 앞서 말했듯 이 이야기들은 루가의 특수자료에서 가져온 것입니다. 루가 복음서 수난 사화의 마지막 일화들(엠마오에서 제자들과의 만남(24:13-35), 예루살렘에서의 부활 현현(24:36-43), 부활한 예수의 마지막 가르침(24:44-49), 그리고 승천(24:50-53))도 마찬가지입니다. 이 이야기들은 루가 복음서에만 나옵니다.

루가에게 예수의 죽음은 예언자들이 증언한 하느님의 계획에 들어맞는 사건이었습니다. 비록 십자가 사건의 구속적 중요성을 강조하지는 않지만, 예수의 죽음이 인류에게 이로운 일이었다고 그는 말합니다. 예수는 의로운 이였음에도 불구하고 불의한 자처럼 죽임당함으로써 하느님과 죄인들이 화해를 이루는 길을 열었습니다. 그는 몸소 본이 되는 죽음 exemplary death을 맞이함으로써 제자들이 인간의 힘을 내려놓고 유일하고 참된 힘인 성령을 통해 승리해야 함을 가르쳤습니다.

요한 복음서의 수난 사화는 루가 복음서의 수난 사화보다 마르코 복음서와 더 큰 차이를 보입니다. 요한 복음서에도 수난을 예고하는 네 단계 사건 개요가 나타나기는 하나 사건 전개의 세부 내용은 마르코 복음서와 꽤 다릅니다. 예수를 죽이려고 모의하는 내용은 비교적 일찍 등장합니다(11:45-54). 그다음 베다니아에서 마리아가 예수의 발에 향유를 부은 이야기(12:1-8)와 예루살렘 입성(12:12-19), 최후의 만찬(13-17) 이야기가 나오지요. 18:1-11에서 예수가 체포되지만, 이때 그는 아버지에게 마지막 기도를 드리지 않습니다. 마지막 기도는 그보다 일찍 나오는데(12:27-28), 공관복음에 나오는 마지막 기도와 유사한 점이 거의 없습니다(십자가형을 피하고 싶다는 예수의 간구가 나오지 않습니다). 예수를 체포하기 위해 파견된 이들(아마 로마 군인도 있었을 것입니다)은 심문을 위해 예수를 제사장 안나스에게 데려갑니다(18:12-23). 그리고 안나스는 예수를 그 해 대제사장이었던 사위 가야파(가야바)에게 보냅니다(18:24). 요한 복음서에는 산헤드린의 예수 심문이 나오지 않으며 베드로가 예수를 부인한 일화는 두 대제 사장이 예수를 심문한 이야기들 사이에 들어있습니다(18:25-27).[5] 빌라도가 등장하고 요한 복음서 수난 사화의 주요 장면이 이어집니다(18:28-19:16). 그는 예수를 심문하는데 놀랍게도 몸이 더럽혀지게 될까 두려워 장관의 관저('프라이토리움'praetorium) 밖에서 기다리는 유대인과 관저 안에 있는 예수 사이를 왔다 갔다 합니다. 이 장면에서 공관복음의 예수는 말이 없는 반면 요한 복음서의 예수는 말을 많이 합니다(하느님 나라와 진리에 대한 질문에 대한 대답 등).

요한 복음서에서 공관복음의 바라빠 이야기에 해당하는 장면은 아마도 널리 알려진 빌라도의 말, '에케 호모'Ecce homo(이 사람을 보라)가 나오는 장면일 것입니다(19:4-6). 이처럼 요한 복음서의 십자가 처형 보도(19:17-37)에는 다른 복음서들에 기록되지 않은 예수의 말과 상황들(십자가 곁에 서 있는 예수의 어머니와 사랑받는 제자(25-27), "내가 목마르다"(28), "다 이루어졌다"(30)는 예수의 말, 군인들이 예수의 옆구리를 창으로 찌르는 장면(31-

---

5   요한 복음서 18:12-27은 주석가들을 괴롭힌 문제적 본문입니다. 안톤 다우어Anton Dauer는 이 문제를 그의 저서에서 자세히 다루었습니다. Anton Dauer, *Die Passionsgeschichte im Johannesevangelium: Eine traditionsgeschichtliche und theologische Untersuchung zu Joh. 18:1-19:30*, SANT 30 (Munich: Kösel-Verlag, 1972)

37))이 기록되어 있습니다. 예수의 시신 매장은 요한 복음서도 공관복음처럼 아리마태아 요셉의 호의로 이루어졌다고 기술합니다(19:38-42). 마지막으로, 빈 무덤이 발견된 뒤(20:1-10) 세 개의 부활 현현 이야기(부활한 예수가 막달라 마리아(20:11-18), 제자들(20:19-23), 그리고 도마와 그의 동료들에게(20:24-29) 나타난 이야기)가 이어집니다.

신학적인 측면에서, 요한은 지금까지 본 다른 본문들보다 예수의 죽음과 관련해 더 심오한 관점을 보여줍니다. 요한 복음서에서는 예수의 삶 전체가 하느님의 아들이 고양되고 영광스럽게 되는 특정 "시간(때)"으로 수렴됩니다. 그리스도의 수난, 즉 생명에서 죽음으로 나아가는 길은 그가 아버지께로 돌아가는 길이며, 죽음에서 부활로 나아가는 길입니다. 이러한 맥락에서 그의 수난은 궁극적인 성취입니다. 요한 복음서에서 십자가 사건은 모든 신자를 향한 보편적인 구원과 관련이 있습니다.[6]

네 편의 복음서들의 수난 사화들은 이야기를, 역사를 들려줍니다. 하지만 이는 객관적인 증인이 하는 보도가 아니라 신앙인의 증언입니다. 수난 사화들을 작성한 이들은 점차

---

6 다음을 참조하십시오. Martinus C. de Boer, *Johannine Perspectives on the Death of Jesus* (Kampen: Pharos, 1996)

예수의 때 이른 죽음을 부활을 통해 마침내 드러난 하느님의 궁극적인 목적을 성취한 사건으로 보기 시작했습니다. 최근 학자들은 수난 사화들에서 '역사화된 예언'prophecy historicized과 '히브리 경전의 틀에 맞추어 서술한 역사적 사건'을 구별해 내기 위해 많은 노력을 기울였습니다. '역사화된 예언'은 적기에 성취된 예언을 역사에 집어넣기 위해 이야기를 창작하는 것을 뜻합니다. 그리고 후자는 경전의 틀을 통해 실제 일어난 사건을 기억하고 서술하는 것을 뜻합니다. 하지만, 이 두 가지 서술 방식을 날카롭게 구별해 내려는 노력은 적절치 않아 보입니다. 우선 이야기를 '지어내'는 것과 이야기를 '변형'하는 것은 날카롭게 구분할 수 없습니다. 사건은 성서 본문을 이해하고 선별하는 데 영향을 미치고, 성서 본문은 사건을 기억하고 이야기로 형성할 때 영향을 미칩니다. 둘의 관계는 변증법적이며 풍성한 결과를 낳지요. 달리 말하면, 사실을 기억하는 행위와 성서 본문을 떠올리는 행위는 언제나 상호작용을 이룹니다. 이 이야기 서술 방식의 양극 사이에서 일어나는 복잡다단한 과정을 일일이 구별해 내기란 불가능합니다. 게다가 성령체험이나 공동체 구성원들이 영감을 받은 신자들의 경험을 나눈 상황 등 다른 요인들도 고려해 보아야 합니다. 이러한 요인들은 처음부터 초기 그리스도인들의 기억을 형성하는 과정과 이야기를 전하는 과정에 영향을 미쳤고 성서 본문의 해석에도 영향을 미쳤습니다. 공동체가 당면했던 상황이 공동체가 무엇을 기억해야 하는지를 선별하는 과정에 영향을 미쳤듯 말이지요.

수난 사화가 더 굴절되고 변형을 겪는 데는 다른 요인들도 있었습니다. 앞에서 살펴본 케리그마적 성격 및 전례의 영향과 더불어 수난 이야기에는 분명 변증의 요소가 있습니다. 최초의 복음서인 마르코 복음서부터 이러한 경향은 감지되고 다른 복음서들에서는 좀 더 분명하게 발견되지요. 경향은 둘로 나뉩니다. 하나는 유대인들을 향한 변증입니다. 당시 유대인들에게 예수는 메시아이기는커녕 사형 선고를 받아 나무에 달려 죽은 사람으로서 사실상 율법에 의해 정죄받은 자였습니다. 이러한 유대인들의 견해에 맞서 복음서 저자들은 성경이 중언한 하느님의 계획을 예수가 이루었다고 강조했습니다. 그들은 십자가 사건이 겉으로 보이는 바와 달리 하느님의 의도가 담긴 신비라고 주장했습니다. 복음서 저자들은 히브리 성서, 특히 시편과 즈가리야(스가랴)서를 사용해 부당한 정죄와 실패처럼 보이는 사건에 의미를 부여함으로써 자신들의 역설적 신학을 견고하게 만들었습니다. 또 다른 하나는 이방인을 향한 변증입니다. 당시 이방인들은 십자가형을 수치스러운 일로 여겼습니다. 이에 맞서 복음서 저자들은 선교의 목적에 맞게 로마인들, 특히 행정 장관 본티오 빌라도에게 예수 죽음에 대한 책임이 없음을 보여 주려 했습니다. 이러한 맥락에서 마태오는 빌라도가 군중 앞에서 손을 씻는 장면을 그렸으며 루가는 빌라도가 세 번이나 예수의 무죄를 선언했다고 보도했습니다. 그리고 요한 복음서는 빌라도가 예수를 유대인에게 넘겨 유대인들이 십자가 처형을 하도록 했다고 적었습니다.

수난 사화를 살필 때는 이러한 변증의 경향과 더불어, 또 다른 두 개의 경향도 고려해야 합니다. 하나는 권면, 혹은 도덕적인 교훈을 주려는 경향이고 또 다른 하나는 전설로 발전하려는 경향입니다. 전자와 관련해 복음서들은 예수를 따르는 가운데 고난을 겪는 그리스도인들을 격려하기 위해 예수의 용기를 강조합니다. 게쎄마니 이야기는 그 대표적인 예입니다. 이 이야기는 신자들에게 졸고 있는 제자처럼 되지 말고 늘 깨어있으라고 당부합니다. 후자인 전설로 발전하는 경향은 대중적인 이야기가 점차 변화하고 발전할 때 흔히 발견됩니다. 이때 이야기는 새로운 세부 내용이 덧붙여지고 확장됩니다. 수난 사화들에서도 이런 경향에 따라 무명의 인물에 이름이 붙게 되는 경우가 있습니다. 이를테면 귀를 자른 이의 이름이 다른 복음서들에서는 나오지 않으나 요한 복음서는 베드로라고 말하며 귀가 잘린 이가 말코스(말고)라고 기록합니다(요한 18:10-11). 같은 맥락에서 이전에는 없던 내용이 추가되는 경우도 있습니다. 루가 복음서에는 예수가 잘린 귀를 붙여주는 장면(루가 22:51)이 나오고, 마태오 복음서에는 빌라도의 아내가 꾼 꿈 이야기(예수에 호의적인 내용이 담겨있습니다)가 들어있습니다(마태 27:19).

어떤 학자들은 복음서의 주관적이고 케리그마적인 성격 때문에 서술된 사건들의 의미가 굴절되었을 뿐만 아니라 명백한 역사적 사실이 충실하게 다루어지지 않았다고 주장합니다. 이런 견해를 가진 학자들은 수난 사화를 거슬러 올라가 잃어버린 진실을 찾으려 했지요. 예를 들어 한 학자는 바라빠와 연합하여 성전을 공격하려 했던 정치적 예수를 상상했습니다. 그에 따르면, 이러한 열심당 같은 행동에 대해 정치적 변화를 바라지 않는 대제사장들은 마찬가지로 그 어떤 선동과 혁명도 용납하지 않는 빌라도에게 예수를 넘겼습니다. 이 같은 해석은 마르코 복음서가 유대 전쟁(기원후 66-70년)과 이에 수반된 유대인들의 메시아 열망에 대한 적대감을 의식해 예수의 행동과 의도를 비정치화했다고 봅니다. 하지만 저는 그리스도교 자료들이 심각하게 역사적 상황을 잘

못 그려냈다고 보지 않습니다. 예수와 동시대 사람 중 몇몇은 분명 그를 열심당원으로 보았습니다. 하지만 예수의 사역에는 그가 폭력 사용을 용인한 혁명가임을 보여주는 요소가 전혀 없습니다. 위와 같은 역사적 재구성은 견실하지 않습니다.

정경 외 그리스도교 자료

정경에 속한 복음서들 외에도 정경에 속하지 않은 일부 1세기와 2세기 그리스도교 문서들은 예수의 수난을 연구할 때 중요한 자료입니다. 우선, 이 자료들은 공관복음에서도 볼 수 있는 변증 경향과 전설적 요소가 첨가되는 경향을 좀 더 분명하게 확인할 수 있게 해줍니다. 또한, 이 자료들은 정경에 속한 복음서들에는 없는 세부 정보(역사적인 가치의 잠재성을 지닌 정보)를 담고 있습니다. 이 중 가장 중요한 문서는 베드로 복음서입니다. 베드로 복음서는 19세기 말 상부 이집트 아크밈 지역의 한 무덤에서 기원후 6세기의 사본의 단편으로 발견되었습니다. 이 단편 조각은 그리스어로 쓰인 코덱스(*파피루스 두루마리가 아니라 책의 형태와 유사한 매체)의 일부고, 무덤에 같이 매장된 것으로 보아 무덤에 안치된 이가 귀하게 여긴 것으로 보입니다. 이 얇은 코덱스에는 다른 문서들도 들어있는데 그중에는 베드로가 썼다고 주장하는 베드로 묵시록의 긴 단편도 있습니다. 실제로 발견된 단편에는 '베드로 복음서'라는 제목이 나오지 않았지만(이 코덱스가 발견되기 전에는 베드로 복음서라는 작품 이름만 전해졌지 실제 내용은 알 수 없었습니다), 이 단편이 베드로 복음서의 일부일 가능성은 큽니다. 단편 내용이 베드로를 가리킬 때 일인칭 화자인 "나"를 쓰기 때문입니다. 오랫동안 학자들은 베드로 복음서가 독특하게도 수난 사화로만 구성되었다고 믿었습니다. 이 아케팔로스 본문acephalous text(도입부가 없는 본문)이 예수가 빌라도 앞에 선 이야기부터 시작하기 때문입니다. 하지만 이후 다양한 베드로 복음서 단편들이 발견되었으며 그중 이집트 옥시링쿠스에서 발견된 파피루스 4009P.Oxy. 4009는 공관복음에서 예수의 선교 담화 일부(마태 10:16)에 나오는 예수의 말을 담고 있었습니다. 정경에 속한 복음서들은 예수가 갈릴래아에서 사역을 하는 와중에 이 말을 했다고 기록(마태 10:16, 루가 10:2-3)했으므로 베드로 복음서도 이를 유사한 곳에 배치했을 가능성이 큽니다. 이는 베드로 복음서가 예수의 죽음뿐만 아니라 예수의 사역 전체를 다루었음을 암시합니다.

베드로 복음서는 신약성서와 본질적으로 차이가 없고 동등한 역사적 가치를 지녔으며, 모든 점에서 공관복음과 유사한 수난 이야기를 담고 있습니다. 수록된 이야기는 다음과 같이 전개됩니다. 빌라도가 자신의 손을 씻는 장면이 나온 뒤, 주님(베드로 복음서가 예수를 가리킬 때 일관되게 쓰는 말)이 십자가 처형을 당할 것이라는 소식을 알게 된 아리마태아 요셉이 예수의 시신을 거두고 싶다고 빌라도에게 청합니다. 루가 복음서와 마찬가지로 베드로 복음서에서도 헤로데와 한통속인 빌라도는 요셉의 청을 승낙합니다. 베드로 복음서의 저자는 예수가 가시관을 쓰는 장면을 포함해 십자가에 달리기 전 그가 겪은 온갖 수모를 자세히 묘사합니다. 십자가에서 일어난 사건의 전개(예수의 옷을 두고 군인들이 제비를 뽑는 모습, 도둑 중 한 명이 보인 예수에 대한 존중, 예수의 다리를 꺾지 말라고 함, 갈증을 달래기 위해 예수에게 쓸개즙과 신 포도주(혹은 포도주로 만든 식초)를 전하는 장면)도 정경에 속한 복음서들과 유사합니다. 하지만 베드로 복음서는 두 가지 점에서 정경에 속한 복음서들과 다릅니다. 첫째, 베드로 복음서는 십자가에서 예수가 고통받지 않는 것처럼 묘사합니다. 여기서 그리는 '수난 불가능성'impassibility은 예수의 신적 본성을 드러내는 것이라기보다는 그의 영웅적인 면모를 드러내는 것에 더 가깝습니다. 둘째, 베드로 복음서는 마르코 복음서의 예수가 소리친 내용, "나의 하느님, 나의 하느님, 왜 나를 버리셨습니까?(마르 15:34)와 비슷하면서도 다른 예수의 말을 보도합니다.

> 나의 힘이여, 힘이여, (당신께서는) 나를 떠나셨습니다. (베드로 복음서 19).[7]

본문은 이 말씀 바로 뒤에 예수의 고양elevation에 대해 말하는데, 그렇다고 해서 이 본문이 꼭 가현설을 주장한다는 뜻은 아닙니다.[8] 모든 복음서는 예수의 죽음이라는 무참한 현실을 완곡하게 표현합니다. 우리가 누군가 죽었을 때 그가 '돌아가셨다'고 말하듯 말이지요. 이야기는 계속 진행됩니다. 예수의 시신이 십자가에서 내려오고 아리마태아 요셉은 그 시신을 무덤에 묻습니다. 유대인들의 비탄 섞인 반응이 이어집니다. 이때 베드로 복음서는 정경에 속한 복음서들보다 유대인들의 반응을 더 자세히 기술합니다. 이 복음서에서 그들은 예루살렘의 몰락을 포함해 자신들의 행동이 어떤 비극적

---

[7] 이 책에서 인용한 베드로 복음서 번역문은 다음 책에서 가져왔습니다. *New Testament Apocrypha*, vol. 1 (Louisville, KY: Westminster/John Knox Press, 1991) *우리말 번역은 옮긴이가 그리스어 본문에서 사역했다.

[8] 가현설은 하느님 아들의 참된 성육신을 부정하며, 예수의 인간됨과 그의 고난이 현실에서 일어난 것이 아니라 단지 그렇게 보였을 뿐이라고 주장하는 그리스도교 이단입니다. 그리스어 동사 도케오dokeo는 '~으로 보인다', '~라고 판단하다', '~으로 여기다'는 의미를 지닙니다.

결과를 낳을지를 깨닫습니다. 이 단락은 베드로로 보이는 제자의 말로 마무리됩니다.

> 나는 나의 동료들과 함께 슬픔에 빠졌다. 그리고 우리는 생각에 상처를 입고서 우리 자신을 숨겼다. 우리가 범죄자나 성전에 불을 지르려는 사람이기나 한 것처럼 그들에 의해 추적당하고 있었기 때문이다. 우리는 밤낮으로 이 모든 일 때문에 슬퍼서 울면서 안식일까지 앉아 금식했다. (베드로 복음서 26-27)

헤로데와 빌라도를 한통속으로 연결했다는 점(루가 23:6-12)에서 베드로 복음서는 루가 복음서와 유사하고, 무덤 지키는 사람들을 언급했다는 점에서 마태오 복음서와 유사합니다(마태 27:62-66).

베드로 복음서의 수난 사화는 정경 속 복음서들의 수난 사화들과 유사한 점이 많지만, 부활 이야기는 다릅니다. 베드로 복음서의 부활 이야기는 매우 독특합니다. 이 복음서의 부활 사화는 다른 사화들과 달리 객관적인 보도를 할 의도가 전혀 보이지 않습니다. 먼저 베드로 복음서는 부활 자체를 조명합니다(정경에 속한 복음서들은 부활 자체가 아닌 빈 무덤과 부활 현현이라는 부활의 결과만 이야기합니다). 베드로 복음서에서 부활의 목격자는 예수의 제자들이 아니라 무덤을 지키던 경비병들입니다. 그들은 장엄한 광경을 봅니다. 두 젊은이(분명 천사일 것입니다)가 무덤에 들어갔다가 주님을 떠받치고 무덤에서 나옵니다. 예수는 수난으로 인해 여전히 기력이 없으나 부활로 이미 고양된 상태입니다. 그는 휘청거리지만 부축하는 천사들보다 훨씬 더 키가 큽니다. 이러한 묘사를 통해 베드로 복음서의 저자는 거의 같은 시기에 쓰인 히브리인들에게 보낸 편지(히브리서)와 마찬가지로 예수가 천사들보다 훨씬 더 중요한 존재임을 보여 주려 한 것 같습니다(히브 1:4 참조).* 겁에 질린 경비병들이 빌라도에게 소식을 전하기 위해 달려간 사이 여성들이 와 열려 있는 빈 무덤을 봅니다. 아름다운 청년(천사)이 여성들에게 부활에 관해 이야기합니다(이 점은 공관복음과 상당히 유사합니다). 이 이야기 다음은 베드로 복음서의 시작 부분이 그러하듯 공백 상태로 남아 있습니다. 본문은 부활 현현 이야기가 시작되기 바로 전에 끊깁니다.

하지만, 나 시몬 베드로와 내 형제 안드레아는 우리의 그물

---

* "그는 천사들보다 훨씬 더 높게 되셨으니, 천사들보다 더 빼어난 이름을 물려받으신 것입니다." (히브 1:4)

을 가지고 바다로 떠났다. 그리고 알패오의 아들 레위도 우리와 함께 있었다. 주님은 그를 ... (베드로 복음서 60)

이 긴 단편 수난 사화는 정경에 속한 복음서들의 수난 사화들과 견주었을 때 더 기적을 강조하지도 않고 더 전설 같은 특징을 보이지도 않습니다. 다른 복음서들처럼 베드로 복음서는 기억과 해석이 공존하는 모습을 보여줍니다. 해석은 변증의 차원에서 이루어졌습니다. 즉, 베드로 복음서 저자는 역사 속에서는 실패자로 보인 한 인간이 하느님의 시각으로는 가치와 명예와 중요성을 회복한 인물이며, 예수의 죽음과 예루살렘의 몰락 사이에는 인과관계가 있고, 빌라도는 예수의 처형에 책임이 없음을, 오히려 그는 (아직 탄생하지 않은) 그리스도교 신자임을 보여 주려 했습니다. 한편, 베드로 복음서 역시 히브리 성서와 이야기를 연결하는 모습을 보입니다. 이를테면 군중이 예수를 끌고 가기 위해 앞다투어 달려나가는 모습(베드로 복음서 6)은 이사야의 예언을 성취한 것입니다(이사 59:7). 마찬가지 맥락에서 예수의 적들이 그를 갈대로 찌르는 장면(베드로 복음서 9)은 예언자 즈가리야의 글에 상응합

니다(즈가 12:10).⁹

그 외 언급할만한 가치가 있는 후대의 문서로는 빌라도 행전을 들 수 있습니다. 설령 과거에 상관인 황제가 "예수 사건"의 의미를 깨닫도록 빌라도가 보고서를 써서 보냈다 할지라도, 다양한 형태를 갖고 있고 여러 고대어 판본이 남아 있는 빌라도 행전은 그리스도교인이 엮고 만든 작품으로 보입니다.* 이 문서는 이방인이 집필한 '빌라도 행전'(현재는 존재하지 않는 문서로 4세기 초 디오클레티아누스 황제가 그리스도교인들을 핍박하는 가운데 그리스도교의 주장을 반박하기 위해 쓰였습니다)이 미칠 악영향에 대응하기 위해 쓰였을 가능성이 큽니다.**

---

9   존 도미닉 크로산John Dominic Crossan은 베드로 복음서에 아주 오래된 수난 사화가 들어있다고 주장합니다. 그는 이 수난 사화가 모든 정경 복음서의 수난 이야기, 정경 외의 수난 이야기의 출처라고 믿습니다. 하지만, 크로산의 주장을 받아들이는 학자는 거의 없습니다. 크로산의 견해를 살피기 위해서는 다음을 참조하십시오. John Dominic Crossan, *The Cross that Spoke: The Origins of the Passion Narrative* (San Francisco: Harper & Row, 1988)

*   그럴 가능성은 매우 희박하지만 보봉은 이 문서가 그리스도교인이 엮고 작성한 것이라는 점을 강조하기 위해 이러한 표현을 사용한다. 니고데모 복음서의 작성 연대는 불명확하지만 대략 기원후 4세기경 문서로 보며 빌라도 행전으로 불리기도 한다. 이 문서는 빌라도를 그리스도교에 호의적인 인물로 그린다.

** 그리스도교인이 쓴 '빌라도 행전'과 어떤 이방인이 그리스도교를 폄훼하기 위해 쓴 '빌라도 행전'이 다른 문서라는 점에 유의해야 한다.

그리스도교의 빌라도 행전은 기원후 30년경 예루살렘에서 일어난 사건에 대한 정보가 아니라 빌라도 행전이 작성되었을 당시 그리스도교 신앙에 대한 정보를 담고 있습니다.[10]

유대 자료

유대 자료 중 고려할 만한 가치가 있는 자료는 요세푸스의 저작과 탈무드입니다. 슬라브어 번역본과 후대 그리스도교인들이 가필한 부분은 논외로 해도, 유대인 역사가 요세푸스는 자신의 글에서 예수의 수난을 간접적으로 언급합니다(요세푸스는 어림잡아 기원후 37년에 태어나 100/110년경에 죽었습니다). 『유대 고대사』the Jewish Antiquities 18권에서 그는 본티오 빌라도가 통치하던 시기 팔레스타인 지역에서 일어난 몇몇 사건을 언급한 뒤 예수 사건을 기술합니다. 다음은 『유대 고대사』에서 '플라비우스의 증언'Testimonium Flavianum이라고 불리는 본문입니다.

이 무렵 예수라는 지혜로운 사람이 살았다(그를 사람이라고 굳

---

10 빌라도 행전에 대한 연구물 중 나는 다음을 추천합니다. Rémi Gounelle et Zbigniew Izydorczyk, *L'Évangile de Nicodème*, Apocryphes 9 (Turnhout: Brepols, 1997)

이 불러야만 한다면 말이다). 그는 놀라운 일을 행하는 사람이었고, 그의 진리를 기쁘게 받아들이는 이의 선생이었다. 그는 많은 유대인과 헬라인의 지지를 얻었다. 그는 그리스도(메시아)였다. 빌라도가 우리 (유대인) 중 높은 사람들이 예수를 비난하는 소리를 듣고 그를 십자가에 처형하도록 정죄했으나, 처음부터 예수를 사랑한 사람들은 그들의 사랑을 멈추지 않았다. 사흘째 되는 날, 다시 살아난 예수는 그들 앞에 나타났다. 하느님의 예언자들이 이것과 예수에 대한 수많은 놀라운 일들을 이미 말했다. 지금까지도 예수를 따라 이름 붙여진 그리스도인이라는 족속은 사라지지 않았다.[11]

이 글을 유대인이 썼다고 보기는 어렵습니다(그리스도의 신성을 언급했으며, 예수가 메시아임을 인정했다는 점, 부활을 확언했다는 점에서 그렇습니다). 이 단락 전체가 그리스도인들의 가필일 수도 있지요. 하지만, 일부는 요세푸스가 썼을 가능성이 꽤 큽니다. 그가 예수를 지혜를 가르치는 선생이자 기적을 행하는 사람, 영적 선생으로 언급했을 가능성은 충분히 있습니다. 나자렛 사람 예수의 생애를 언급한 부분, 유대인 상층부

---

11 Josephus, *Jewish Antiquities*, 18.3 §63-64.

가 예수를 비난한 결과 빌라도가 내린 심판의 결과로 그가 십자가 처형을 당했다고 언급한 부분도 마찬가지입니다. 요세푸스는 아마 그가 살던 당시에도 존속했던 그리스도교 공동체를 언급하면서 해당 글을 마쳤을 것입니다. 그리고 요세푸스가 이렇게 쓴 단락의 내용을 후대 그리스도교인들이 바꾸었을 것입니다. 그들이 어떻게 변경하고 개작했는지는 쉽게 판별할 수 있습니다.

이스라엘 학자 슐로모 피네스Schlomo Pines는 '플라비우스의 증언'의 아랍어 판본에 깊은 관심을 보였습니다. 이 판본은 10세기 그리스도교 역사가 아가피우스Agapius의 작품에 보존되어 있었습니다. 아가피우스의 『보편사』Universal history는 널리 알려진 작품으로, 편집되기도 하고 심지어 번역도 되었지요. 13세기 콥트 그리스도교 역사가 알-마킨al-Makīn이 쓴 『보편사』Universal history에도 아가피우스의 책에 있는 아랍어 판본과 거의 같은 내용이 들어있습니다. 이 판본들은 후대의 것이지만 흥미로운 점이 있습니다. 초기 그리스어 판본보다 그리스도교 교리에 덜 영향을 받은 것으로 보이기 때문이지요. 이 후대 판본들은 위에서 재구성한 '플라비우스의 증언' 원본에 더 가깝습니다. 아랍어 판본은 요세푸스가 쓴 원본의 상당 부분을 보존하고 있는 것 같습니다. 아랍어 판본에도 그리스도교인들이 일부 내용을 삽입했을 가능성은 여전히 있지만, 그렇다 할지라도 그리스어 본문보다는 훨씬 그 수가 적습니다. 예를 들어, 아랍어 본문에 있는 예수의 메시아로서의 본성에 대한 서술은 이 점을 잘 보여줍니다. 아랍어 본문을 번역하면 다음과 같습니다.

> 이 무렵, 예수라고 불리는 지혜로운 사람이 있었다. 그의 행동은 선했다. 그는 덕이 있는 인물로 알려졌다. 유대인과 이방인 가운데 많은 사람이 그의 제자가 되었다. 빌라도가 그를 정죄하여 십자가 처형을 받고 죽게 했다. 그리고 예수의 제자가 된 사람들은 그의 교리(파네스는 "그의 교리"보다는 알-마킨의 저술에 보존된 이문인 "그가 제시한 제자도"를 선호합니다)를 저버리지 않았다. 그들은 예수의 십자가 처형 사흘 뒤 예수가 그들에게 나타났고, 예수가 살아 있다고 전했다. 따라서, 그는(알-마킨의 본문은 "그리고 아마도 이 사람은"이라고 기록합니다) 예언자들이 놀랍다고 이야기한 바로 그 메시아였을 것이다.[12]

---

[12] Schlomo Pines, *An Arabic Version of the Testimonium Flavianum and Its Implications* (Jerusalem: Israeli Academy of Sciences and Humanities, 1971), 16. *영어 번역본을 중역했다.

이 판본의 내용을 살피면, 예수가 메시아라는 논증이 요세푸스, 혹은 예수의 제자들로부터 유래한 것으로 보입니다. 전체적으로 볼 때, 피네스의 발견은 '플라비우스의 증언'의 그리스어 본문에 변형된 부분이 있다는 점과 '플라비우스의 증언'의 그리스어 본문 일부가 요세푸스의 글이라는 점을 확증합니다.[13]

역사적인 차원에서 주목할 만한 부분은 이 본문이 산헤드린의 예수 심문을 언급하지 않고 빌라도의 심판만 언급한다는 것입니다. 아랍어 판본은 예수의 심문 과정에 유대인이 관여했다는 언급이 없으나 그리스어 본문은 유대 지도자들이 예수를 비난하고 규탄했다고 말합니다. 이 점에 관한 한 그리스어 본문이 아랍어 본문보다 원문에 더 가까운 것으로 보입니다. 하지만, 두 본문 모두 로마의 행정 장관이 사형을 선고했다고 보도합니다.[14]

---

13 피네스의 발견을 받아들인 중요한 요세푸스 연구들이 많습니다. 특히 다음의 연구들을 보십시오. James Carleton Paget, 'Some Observations on Josephus and Christianity', *JTS* 52 (2001), 539-624. Alice Whealey, 'Josephus on Jesus: The Testimonium Flavianum Controversy from Late Antiquity to Modern Times', *Studies in Biblical Literature* 36 (Bern: Peter Lang, 2003)

14 요세푸스의 『유대 고대사』 다른 단락(20.9.1 §200)에는 대제사장 안나스의 명령으로 야고보가 처형되었다고 나옵니다. 요세푸스는 여기

랍비 문헌 중 여기서 언급할 만한 가치가 있는 것은 한 단락입니다. 바빌로니아 탈무드 중 2세기에 작성된 것으로 추정되는 산헤드린 바라이타baraita(*미슈나에 포함되지 않은 유대 구전 율법)에는 이런 단락이 있습니다.

> 이런 가르침이 주어졌다. 유월절 전날, 사람들이 예슈Yeshu(한 사본에는 여기에 "나자렛"이라는 말이 덧붙여져 있습니다)를 매달았다. 처형이 있기 사십일 전, 한 전령이 와서 외쳤다. "그가 마법을 행하고 이스라엘을 그릇된 길로 이끌었기 때문에 그는 돌에 맞을 것이다. 그를 변호하고자 하는 이가 있다면 누구라도 나와서 그를 위해 변호하시오." 그러나 누구도 그를 변호하지 않았고 사람들은 그를 유월절 전날에 매달았다.[15]

변증의 어조를 지녔다는 이유로 일부 학자들은 이 단락이

에 언급된 야고보를 특정하기 위해 "그리스도라고 불리는 예수의 형제"라고 덧붙입니다. 이 단락은 요세푸스가 쓴 것으로 간주되지만, 예수의 죽음에 관해 새로운 정보를 제공하지는 않습니다.

15 *Sanhedrin* 6.1 (다른 장절 구분에 따르면 43a). 저는 다음 자료에서 인용했습니다. *Hebrew-English Edition of the Babylonian Talmud* (London: Soncino Press, 1969). *영어 번역본을 중역했다.

아무런 역사적 가치가 없다고 주장합니다. 전령을 언급한 구절은 예수의 죄책을 강조하며 유대법 절차에 대한 존중을 드러내므로, 역사적으로 정확한 내용이 아닐 수 있습니다. 돌에 맞아 죽은 시신을 매다는 행동도 수수께끼로 남아 있습니다. 돌로 쳐 죽이는 유대인들의 처벌 방식에 대한 언급은 랍비들이 할례받지 않은 남자(빌라도)가 십자가 처형을 내려 유대인 내부 문제를 조정했다는 사실을 받아들이기 어려워했던 것에 대한 반응일 가능성이 있습니다. 하지만, 이 단락에 나온 처형 일자는 요한 복음서와 일치해 역사적 가치가 있어 보입니다. "예슈"가 마법을 부리고(공관복음에 따르면 예수는 갈릴래아 사역을 하며 종종 이런 비난을 받았습니다), 사람들을 선동했다는 비난(루가 23:2에 따르면 유대인들이 빌라도에게 고발한 내용입니다)도 마찬가지입니다.[16]

---

16 또 다른 랍비 문서가 종종 인용됩니다. "랍비 아바후가 말했다 "어떤 사람이 당신에게 '나는 하느님이오'라고 말한다면 그는 거짓말을 하고 있는 것이다. 그가 "나는 사람의 아들이오"라고 말하면 그는 결국 그것을 후회할 것이다. 그가 '나는 하늘에 올라갈 것이오'라고 말했다면, 그는 왜 이를 행하지 않았겠는가?'(민수 23:19)" *Jerusalem Talmud, Taanit* 2:1(다른 장절 구분을 택한 텍스트는 2,650.59). 저는 다음 자료에서 인용했습니다. *The Talmud of the Land of Israel*, vol. 18 (Chicago: University of Chicago Press, 1982) 이 본문이 예수 그리스도를 가리킨다면, 이는 예수 생애를 둘러싼 논쟁이 아닌, 유대인들의 회당과 초대 교회의 논쟁이라는 맥락에서 이해해야 합니다. 이는 초대 교회의 그리스도 이해

비非유대 자료

비유대권 자료 가운데 예수의 수난을 암시하는 두 개의 중요한 문서가 있습니다. 하나는 타키투스Tacitus의 『연대기』Annals입니다. 여기서 그는 로마의 대화재와 네로Nero가 통치하던 시기 이루어진 박해에 대해 언급합니다(15:44). 이어서 타키투스는 "그리스도인"이라는 말이 "창시자인 크리스투스Christus"에서 유래했으며 그는 "티베리우스Tiberius 통치 시기 행정 장관 빌라도의 선고를 받아 처형당했다"고 말합니다.[17] 이 구절은 새로운 정보를 담고 있지는 않으나 유대 자료나 그리스도교 자료에 의존하지 않는 자료로 보이므로 실제로 예수가 존재했고 빌라도가 그에게 사형을 선고했음을 확증합니다.

또 다른 문서는 시리아인 스토아 철학자라는 정보 외에는 알려진 바가 없는 마라 바르 사라피온Mara Bar Sarapion이 에데사에서 학생으로 있는 아들에게 보낸 편지입니다. 시리아어로 기록된 이 편지에서 그는 덕망 있는 사람을 부당하게 정죄한 이들이 맞이한 불행을 열거하는데 소크라테스와 피타고라스를 예로 든 다음 예수를 언급합니다.

에 대한 유대인들의 반감을 반영한다고 볼 수 있습니다.

[17] Tacitus, *Annals*, 15.44.

아테네인들이 소크라테스를 죽여서 무슨 이익을 얻었느냐? 그 대가로 그들은 기아와 역병을 겪었을 뿐이야. 피타고라스를 불태워 죽인 사모스인들은 어떻고? 온 나라가 한 시간 만에 모래로 뒤덮였지. 지혜로운 왕을 처형한 유대인들은 또 어떻고? 그 시간 이후 그들은 자신들의 나라를 빼앗겼어. 신은 이 지혜로운 세 사람을 위해 정의를 행하셨다. 아테네인들은 기아로 죽었고 사모스인들은 아무런 대처도 하지 못하고 바닷물에 떠밀려 죽었고 황폐해진 유대인들은 자신들의 나라에서 쫓겨나 온갖 나라로 흩어졌지. 소크라테스는 죽지 않았다. 플라톤이 있었으니. 피타고라스도 죽지 않았어. 유피테르의 아내인 유노의 조각상이 남아있으니. 지혜로운 왕도 죽지 않았다. 그가 반포한 법이 있으니.[18]

기원후 1세기 말, 혹은 2세기 초에 이 편지를 쓴 저자는 예수의 죽음에 대해 알고 있었습니다. 그는 나자렛 사람이 "왕"으로 불렸다는 사실도 알고 있었습니다. 또한, 그는 유대인들이 예수를 죽음에 이르게 했음을 알았습니다. 물론, 마라 바르 사라피온이 당시 성장하고 있던 그리스도교에 호의적

---

18 이 편지의 번역문과 주석은 다음에서 가져왔습니다. *Spicilegium Syriacum* (London: Rivingtons, 1855), 73-74.

인 자료에서 이러한 정보를 얻었을 가능성도 있습니다. 어쨌든, 그는 예수의 운명과 예루살렘의 몰락을 연결했습니다.

결론

신약성서에 있는 전승들을 분석하면 십자가와 부활을 중심으로 한 신앙 고백을 발견할 수 있습니다. 또한, 신약성서 저자들이 (유대 지도자들의 고발에 따라) 예수의 처형을 명한 빌라도의 역할을 강조했으며 하느님이 예수의 부활을 일으키셨다고 강조했음을, 그리고 이 메시지를 유대인들을 향해 선포했음을 알 수 있습니다. 마지막으로, 신약성서에 있는 전승들을 분석하면 예수가 유대 지도자들, 이방인 위정자들에게 넘겨져 십자가 처형을 당하고 죽은 자들로부터 일어났다는 개요가 담긴 전례 자료를 발견할 수 있습니다. 이 세 요소는 전승에서 유래했을 뿐만 아니라 오래된 것이기도 합니다. 이 중에서 가장 짧은 신앙 고백이 다른 요소들의 원천 자료라고 추정해서는 안 됩니다. 각각의 요소는 서로 다른 위기(신앙을 고백해야만 했던 상황, 유대인들을 설득해야 했던 상황, 신앙을 기려야 했던 상황)에 대한 반응으로 나왔습니다. 유대 자료와 비유대 자료는 분명 그 목적이 다릅니다. 하지만 이 자료들은 모두 수난 사화의 일정 요소들의 사실 여부를 확인할 수 있게 해줍니다. 우선, 예수는 실존했습니다. 어떤 자료도 이를 부정하지 않습니다. 그리고 그는 빌라도의 선고를 받고 처형당했습니다(타키투스, 요세푸스). 유대 지도자들은 빌라도의 선고를 알고 있었습니다(요세푸스의 그리스어 본문, 마라 바르 사라피온, 바빌로니아 탈무드). 신앙을 갖고 있던 제자들의 진술과 이야기들을 제외하면 예수의 부활을 단언하는 비그리스도교 본문은 없습니다.

II
연구의 방법론적 출발점

예수는 유대인의 관례를 따라 처벌받지 않았습니다. 그는 로마의 처벌을 받았습니다. 가장 신뢰할 만한 자료들은 이 점에 대해 모두 한목소리를 냅니다. 기원후 62년, 베스도가 죽고 알비누스Albinus가 유대 지방에 오는 사이 예수의 형제 야고보는 산헤드린의 명령에 따라 돌에 맞아 죽었으나 예수는 로마 관료인 빌라도의 명령에 따라 십자가 처형을 당했습니다. 명령할 때 빌라도는 유월절을 맞아 혹시 발생할지 모를 폭동을 잠재우기 위해 예루살렘에 있었습니다.[1] 유대 율

---

[1] 1961년 카이사리아에서 발견된 명문inscription에 빌라도에 대한 언급이 있습니다. 이 명문은 빌라도를 행정 장관이라고 부릅니다(*라틴어

법에는 십자가 처형에 대한 규율이 없습니다. 십자가 처형은 동방 지역에서 로마로 유입되어 시행된 로마의 형벌이었습니다.[2]

빌라도가 예수를 정죄했다는 것은 여러 고대 자료들에 기록되어 역사적으로 입증된 사실입니다. 유대인이든 그리스도교인이든 오늘날 학자는 모두 빌라도에 의한 예수의 처형을 예수 생애 중에 가장 확실한 사실로 인정합니다.[3] 최초

로 '프라이펙투스 유다이아'Praefectus Iudaea라고 적혀있다). 이 명문 덕분에 행정관이 다스리는 속주procuratorial province의 장관 직책(종종 기사계급 출신)이 클라우디우스 황제 통치 전까지 속주 행정관procurator라는 직함을 받지 못했다는 학계의 주장이 설득력을 얻게 되었습니다. 다음의 연구를 보십시오. Jerry Vardaman, 'A New Inscription Which Mentions Pilate as Prefect', *JBL* 81 (1962), 70-71. Adrian Nicholas Sherwin-White, *Roman Society and Roman Law in the New Testament* (Oxford: Clarendon, 1963), 6. Alvaro D'Ors, 'Epigrafia juridica griega y romana (VIII)', *Studia et Documenta Historiae et Juris* 32 (1966), 472, 'Epigrafia juridica griega y romana (IX)', ibid (1969)., 35, 522(bibliography). H. Volkmann, 'Die Pilatus Inschrift von Caesarea Martima', *Gymnasium* 74 (1968), 124-35.

2 마르틴 헹엘Martin Hengel이 십자가 처형에 대해 심도 있는 연구를 했습니다. Martin Hengel, *Crucifixion in the Ancient World and the Folly of the Message of the Cross* (London: SCM Press, 1977) 『십자가 처형』(감은사)

3 *The Trial of Jesus: Cambridge Studies in Honour of C. F. D. Moule* (London: SCM Press, 1970) 이 책을 편집한 에른스트 밤멜Ernst Bammel은 예수에게 십자가형이 선고된 이유를 재판을 담당한 사람들의 국적(로마 관료)보다는 예수를 향한 정치적 적개심과 불만으로 설명하는 것이 더 설득력 있다고 주장했습니다.

의 그리스도인들이 예수의 십자가 죽음에 대해 말했던 이유는 그 사건이 실제로 일어났기 때문입니다. 갓 생겨난 믿음을 가진 이들이 유대인은 물론 이방인에게도 충격적으로 들릴 이야기를 지어냈을 리 만무합니다. 또한, 당시 유대인들은 메시아가 구원을 이루기 위해 죽는다는 가르침을 믿지 않았습니다. 메시아가 십자가에 달려 죽는다는 것은 더더욱 상상할 수 없는 일이었습니다. 유대 율법에서는 나무에 매달려 죽은 사람은 저주받은 사람이라고 말하기 때문입니다(신명 21:22-23, 갈라 3:13 참조).* 원래 이 저주는 유대 법정에서 사형을 선고받고 돌에 맞아 죽은 사람의 시신을 해가 질 때까지 나무에 걸어 놓은 관습을 가리켰습니다. 그러나 후대 랍비 전통은 십자가에서 죽는 상태를 돌에 맞아 죽는 것과 연관시켰지요. 그리스-로마 세계에서도 십자가형은 사람들의 마음을 불편하게 만드는 형벌이었습니다. 키케로Cicero가 한 말은

---

* "죽을 죄를 지어서 처형된 사람의 주검은 나무에 매달아 두어야 합니다. 그러나 당신들은 그 주검을 나무에 매달아 둔 채로 밤을 지내지 말고, 그날로 묻으십시오. 나무에 달린 사람은 하느님께 저주를 받은 사람이기 때문입니다. 당신들은 주 당신들의 하느님이 당신들에게 유산으로 준 땅을 더럽혀서는 안 됩니다." (신명 21:22-23, 새번역)
"그리스도께서 우리를 위하여 저주를 받은 사람이 되심으로써, 우리를 율법의 저주에서 속량해 주셨습니다. 기록된 바 "나무에 달린 자는 모두 저주를 받은 자이다" 하였기 때문입니다." (갈라 3:13, 새번역)

당시 사람들의 통념을 대변합니다.

> 십자가라는 말 자체가 로마 시민들의 몸뿐만 아니라
> 사고와 눈과 귀로부터도 멀리 떨어져 있어야 합니다.[4]

예수의 십자가 처형은 빌라도의 명령으로 이루어졌습니다. 그렇다면 로마 관료 빌라도가 예수를 정죄한 죄목은 무엇이었을까요? 이 질문에 대한 답변은 예수의 십자가 위에 붙어 있던 팻말titulus에서 찾을 수 있습니다. 이 팻말은 죄수를 향한 적개심과 불편함을 드러냅니다.[5] 십자가형을 선고받은 이는 처벌의 이유causa poenae를 적시한 팻말을 목에 걸거나 처형 장소까지 들고 가야 했습니다. 이는 로마 저술가들의 글에 잘 나와 있습니다(수에토니우스Suetonius의 칼리굴라 편 32, 도미티아누스 편 10을 보십시오). 네 복음서 모두 빌라도가 예수가 메시아를 참칭했다는 이유로 정죄했다고 보도합니다.

---

4 *In Defense of Rabirius*, 5.16.
5 다음 연구를 보십시오. Peter Egger, *"Crucifixus sub Pontio Pilato": Das "crimen" Jesu von Nazareth im Spannungsfeld römischer und jüdischer Verwaltungs - und Rechtsstrukturen*, NTAbh., NS 32 (Münster: Aschendorff, 1977) Ellis Rivkin, *What Crucified Jesus? Messianism, Pharisaism, and the Development of Christianity* (New York: UAHC Press, 1997)

그리고 복음서에 따르면 십자가 꼭대기에는 "유대인의 왕"이라는 문구가 적힌 팻말이 있었습니다.*

이러한 기록을 역사적으로 신뢰할 수 있는 몇 가지 이유가 있습니다. 우선 고대 교회에서는 그리스도를 부르는 칭호로 "유대인의 왕"이라는 표현을 쓴 적이 없습니다. 복음서 저자들이 "유대인의 왕"이라는 표현 대신 "인류의 구원자"나 "온 세상의 주님"이라는 칭호가 팻말에 적혀 있었다고 보도했다면 그 진실성을 의심할 만합니다. 하지만 그들은 그렇게 하지 않았지요. 앞서 살핀 마라 바 세라피온의 글도 예수가 왕이라는 문제가 법정에서 주요 쟁점으로 다루어졌음을 알려 줍니다.[6] 그래서인지 마르코 복음서 15장과 요한 복음서 18장에서는 빌라도가 등장하는 순간부터 예수가 왕이라는 주제를 비중 있게 다룹니다.

로마 법정은 예수가 메시아를 참칭했으며, 군중을 선동했다는 이유로 정죄했습니다. 여기에 덧붙여 루가는 군중이 예

---

* "유대인의 왕"(마르 15:26), "이 사람은 예수, 유대인의 왕이다"(마태 27:37), "이 사람은 유대인의 왕이다"(루가 23:38), "나자렛 예수, 유대인의 왕"(요한 19:19)

6 요세푸스의 글도 예수의 메시아 본성을 단언하며 이 측면의 중요성을 강조합니다. 이 요세푸스의 본문은 그리스도교인 필사가가 편집한 것이 분명합니다. 앞서 보았듯 아랍어 번역본도 예수의 제자들이 예수를 메시아로 믿었다고 말하는 것 같습니다(이 책 59-61쪽).

수의 선동적 가르침에 불만을 제기했다고 말합니다.

> 그들은 예수를 정죄하기 시작했다. "우리는 이 자가 우리 민족을 변질시키고 황제에게 세금 납부하는 것을 금하며, 자신을 메시아, 즉 왕이라고 말하는 것을 들었습니다." (루가 23:2).

이렇게 온갖 불만들이 어우러져 예수는 십자가에 못 박혔습니다. 그리고 이 불만들은 수난 사화에 기록된 사건들을 이해하기 위한 출발점이라 할 수 있습니다.

III
사건의 전개

 예수가 메시아 행세를 하고 사람들을 선동했다는 이유로 유죄 판결을 받았다면 몇 가지 물음이 생깁니다. 빌라도는 이러한 혐의들을 어떻게 확신하게 되었을까요? 그리고 이러한 혐의 제소는 실제로 정당했을까요? 이 물음에 대한 답을 얻기 위해서는, 그리고 예수 생애 마지막 주간에 실제로 어떠한 일이 일어났는지를 재구성하기 위해서는 먼저 예수의 의도를 살펴보아야 합니다.

 예수의 의도를 가늠할 수 있는 열쇠는 하느님의 나라가 임박했다는 그의 가르침에 있습니다. 그는 하느님의 나라가 이 땅에서 이루어질 것이라고 선언했습니다. 이 가르침은 웅

장한 종교적 메시지일 뿐만 아니라 정치적인 메시지이기도 했습니다. 이는 하느님의 시선을 의식해 세상과 거리를 두고 광야에서 공동체를 이루고 살았던 에세네파와 구별됩니다. 에세네파와 달리 예수는 갈릴래아 지방의 길과 예루살렘 거리를 돌아다녔습니다. 그러한 가운데 그는 사람들에게 이 땅을 통치하실 하느님의 사랑을 일깨웠습니다. 예수는 가르침을 전하며 구원의 팔을 뻗으시는 주님이 그들에게 어떤 명령을 내리셨는지를 떠올리게 했습니다. 이 메시지와 그가 행한 기적들은 사람들을 놀라게 했습니다. 이러한 모습을 보며 바리사이인(바리새인)들은 불편해했고, 사두가이인(사두개인)들은 충격을 받았지요. 여느 예언자들이 전한 메시지, 종말론적 메시지와 마찬가지로 예수의 설교에도 윤리적 요소가 있었습니다. 선생으로서 예수는 자유와 책임의 윤리를 가르쳤고, 무엇보다도 이웃 사랑을 가르쳤습니다. 인격의 헌신을 강조하는 그의 메시지는 당시 사회 관습을 뒤흔들었습니다. 예수는 개인의 자발적 의지를 강조했습니다. 그는 다가올 하느님의 나라는 고통을 두려워하지 않고 기꺼이 하느님과 이웃에 헌신하는 마음을 요구한다고 선포했습니다.[1]

---

1 이른바 '역사적 예수에 대한 제3차 탐구'라고 불리는 최근 역사적 예수 연구물의 일부는 묵시적인 것과 윤리적인 것 사이의 과도한 대조

이 메시지를 바탕으로 예수는 율법을 해석했으며 서기관들이 소중히 여기던 구전 전승을 비판했고, 유대 고위 지도층의 안락한 생활을 뒤흔드는 새로운 위계를 만들었습니다. 그는 당시 유대인들의 금기를 유유히 가로질러 행했습니다. 죄인들과 식사했고, 여성들과 함께 다녔으며, 할례를 받지 않은 이방인들과 논쟁했습니다. 예수는 선동적인 예언자, 참회를 외치는 설교자, 아름다운 피조 세계를 창조한 하느님께 끊임없이 감사를 올리는 온화한 친구였습니다. 하지만 동시에 그는 진정한 랍비도 아니고, 예언자도 아니었으며 선생도 아니었습니다. 예수는 어떤 범주에 갇히지 않는 사람이었습니다. 많은 사람이 그에게 사로잡혔으며 그를 경외했습니다. 동시에 적잖은 사람이 커다란 불안을 느끼며 그를 두려워했습니다.

예수처럼 정해진 틀에 들어맞지 않는 사람은 오해받기 쉽습니다. 이를테면 예수의 예루살렘 입성(마르 11:1-11)과 성전 정화(마르 11:15-17)처럼 의도가 모호한 행위들은 예수가 열심

를 강조하면서 예수 메시지의 묵시적 차원을 부정합니다. 이러한 연구들은 예수를 종말론적 예언자라기보다는 지혜를 가르치는 선생으로 봅니다. 예를 들어 다음의 연구를 보십시오. John Dominic Crossan, *The Historical Jesus: The Life of a Mediterranean Jewish Peasant* (Sand Francisco: Harper Collins, 1991) 『역사적 예수』(한국기독교연구소)

당과 같은 의도를 가진 것으로 보기 쉽지요. "나는 이 땅에 불을 던지러 왔다"(루가 12:49)와 "나는 평화가 아니라 칼을 건네러 왔다"(마태 10:34)는 예수의 수수께끼 같은 말들 역시 오해하기 쉽습니다. 물론 예수를 열심당원으로 보는 해석은 수긍할 만한 근거가 있습니다. 그의 열두 제자 중 한 사람은 본래 열심당원이었고(루가 6:15), (아마도 유다를 포함한) 일부 제자들은 그가 이스라엘을 다시 세울 거라고 기대했습니다(루가 24:21, 사도 1:6). 그러나 예수가 제시한 길은 열심당원의 길과는 달랐습니다. 그는 약함과 가난, 하느님에 대한 순종과 책임을 강조했습니다. 그는 권력이 없는 이들과 자신을 동일시했고, 낮은 이들을 높였고, 고난과 자기 부인의 길로 제자들을 불렀습니다. 물론 예수는 (단지 영혼이 천국에 들어간다는 의미에서의 구원이 아니라) 강력한 하느님 나라의 지상 도래, 인간의 재형성reconstitution으로서의 구원을 선포했습니다. 하지만 그는 결코 인간의 힘으로 구원을 이루고 하느님 나라를 세우려 하지 않았습니다. 예수는 이러한 성취는 오직 자비로우신 하느님만이 이루실 수 있다고 가르쳤습니다. 그는 수동적으로, 동시에 능동적으로 하느님을 신뢰하라고 말했습니다. 그에 따르면 우리는 하느님 홀로 활동하시도록 우리 자신을 (수동적으로) 비워야 합니다. 동시에 우리는 하느님의 권능에 (능동적으로) 우리 삶을 맡겨야 합니다.

그러므로 오해할 수 있을지언정 예수는 열심당원이 아니었습니다. 그는 무력 사용을 추구하지 않았고, 로마를 전복하거나 성전을 파괴하려 하지 않았으며, 이 세상에서 유대인의 왕이 되려고 하지 않았습니다. 세례 요한은 오로지 종교적 목적을 가지고 행동했으나 헤로데에 의해 순교했습니다. 그는 요한의 예언자적 메시지가 정치적 소요를 일으킬까 두려워했지요.[2] 예수 역시 비슷한 운명을 맞이했습니다. 사람들은 그를 오해했고 그의 메시지에 열광했지만 이를 잘못 해석했습니다. 이렇게 오해로 점철된 상황에서 예루살렘에서 실제로 어떤 일이 일어났는지, 어떻게 사태가 악화되었는지 알 수 있을까요? 어느 정도는 가능합니다. 가설로나마, 네 복음서의 이야기를 비평적으로 연구하면 예수를 죽음에 이르게 한 역사적 사건들을 재구성해볼 수 있습니다. 이 장에서는 바로 이러한 재구성을 시도해보려 합니다.

예루살렘 입성부터 시작해봅시다. 유월절 바로 전주에 예수가 예루살렘에 입성했다고 하는 마르코 복음서의 보도는 의도적으로 각색된 것이 분명합니다. 역사학적으로 보았을

---

[2] 다음을 보십시오. Josephus, *Jewish Antiquities*, 18.5.2 §116-19.

때 예수는 그보다 더 일찍 예루살렘에 갔을 가능성이 큽니다. 복음서 이야기들이 예수의 예루살렘 입성을 승리의 순간으로 그리는 것과는 달리, 실제로는 예수의 추종자들만 환호하는 소소한 사건이었을 것입니다. 이 눈에 띄지 않을 만한 일을 초기 교회는 메시아가 거룩하고 열광적인 자신의 도시에 영광스럽게 입성하는 사건으로 변형시켰습니다(마르 11:1-11과 병행 구절들을 보십시오).

요한 복음서의 경우 성전 정화 사건이 예수 공생애 초반부에 일어났다고 보도하지만(요한 2:13-22), 이 사건은 그의 생애 막바지에 일어난 일이었음이 분명합니다. 성전 정화 사건은 구약의 예언자들이 종종 그랬듯 상징적인 행위로 봐야 합니다. 복음서 본문 이전 전승(특히 마르 11:16)은 예수의 과격한 행동이 성전의 근본적 개혁을 촉구하는 일종의 상징이었다고 말합니다. 이 행동에 담긴 상징적 의미는 무척 풍요롭습니다. 하지만 이 행동 역시 제한된 범위 아래서 이루어졌을 것입니다. 그렇지 않다면 성전 경비대나 성전과 아주 가까운 안토니아 요새에 주둔하고 있던 로마 군대가 질서를 바로잡기 위해 개입했을 것이기 때문이지요. 하지만 예수가 일으킨 소요는 성전 운영을 책임지고 있던 제사장들(사두가이파 성향을 띤 제사장 계열의 귀족), 성전에서 이득을 취하던 사람들에게는 몹시 거슬렸을 것입니다.

서기관(율법학자)들은 예수의 가르침에 반감을 품었고 예루살렘에서 예수와 언쟁을 벌였습니다. 대다수 서기관은 바리사이파였고 예수가 예루살렘에 오기 전에 이미 예수와 그의 메시지에 대해 잘 알고 있었을 것입니다. 그들 중 몇 명은 이미 갈릴래아에서 예수와 논쟁했기 때문이지요(마르 3:22-27).

유월절이 가까워지면서 예루살렘에는 긴장감이 감돌았을 것입니다. 열심당 일원들은 예루살렘 전역을 돌아다녔습니다. 복음서 이야기들에서는 분명하게 언급하지는 않지만, 이들은 커다란 역할을 하고 있습니다. 공관복음 저자들은 요세푸스와 같은 의도로 바라빠를 "폭도"라 말하면서 그가 열심당원이자 폭력을 옹호했던 이라고 말하는 듯한 인상을 줍니다. 마르코 복음서에는 이러한 점을 분명하게 드러내지는 않지만(마르 15:7), 바라빠는 폭동의 과정에서 몇몇 이들과 함께 체포되었을 가능성이 있습니다. 십자가에 매달린 "강도들" 역시 열심당원이었던 것으로 보이며 같은 폭동 중에 체포되었을 것입니다. 예수는 이러한 혼란 가운데 예루살렘에 나타났습니다. 로마의 보복을 두려워했던 유대 지도자들은 질서를 바로잡고 평온을 되찾으려 노력했지요. 세부 내용에서 종종 정확한 역사 정보를 담고 있는 요한 복음서는 유대 지도자들이 예수를 잡으려는 이유를 정확하게 기술합니다.

> 우리가 그를 이렇게 놔둔다면 모든 이가 그를 믿을 것이고, 로마인들이 와서 우리의 장소와 우리 민족을 파괴할 것이다. (요한 11:48)

유대 지도자들에게는 질서를 유지하는 데 앞장서야 할 충분한 이유가 있었습니다. 더 큰 소요 사태를 막기 위해 애쓰면서 그들은 자신들의 책무를 다하고 있다고 믿었을 것입니다.

그러나 이 정당한 목적을 이루기 위해 그들이 사용한 방법은 명예롭지 못했습니다. 유대 지도자들은 예수를 몰래 체포하려는 계획을 세웠습니다. 밤에, 배신자를 동원했지요. 왜 그들은 이러한 조치를 했을까요? 아마도 유대 지도자들은 예수를 따랐던 군중을 의식했던 것 같습니다. 예수가 체포되고 재판받기까지의 과정에 대한 학자들의 논의는 예루살렘 군중의 중요성을 오랫동안 간과한 면이 있습니다.

이제 예수는 군중에서 벗어나 식탁에 모인 소수의 추종자와 함께합니다. 여러 독립적인 본문들이 공통으로 이야기하는 전승에 따르면 예수가 잡힌 날 그는 제자들과 이른바 "최후의 만찬"을 나누었습니다(마르 14:22-25과 병행 구절들, 그리고 1고린 11:23-27). 날짜, 만찬의 형식 등과 같은 세부 사항들은 자료마다 달라 정확하게 파악하기 어렵습니다. 하지만 또 다른 세부 사항들에 대해서는 어느 정도 확실히 말할 수 있습니다. 최후의 만찬과 예수가 체포된 사건은 같은 날 밤 일어났다는 부분, 그리고 빵과 포도주와 관련된 부분은 매우 신뢰할만합니다. 유월절의 분위기가 식탁을 감쌌고 제자들은 머지않아 커다란 일이 일어날 것만 같은 느낌이 들었을 것입니다.[3] 그리고 이 드라마는 정원에서부터 본격적으로 펼쳐지기 시작합니다. 히브리인들에게 보낸 편지(5:7)와 요한 복음서(12:27-28)는 공관복음에 기록된 겟세마니 전승에 무게감

---

3 전통적으로는 '최후의 만찬'이 목요일 저녁에 있었다고 생각했으나 애니 조베르Annie Jaubert가 이러한 견해를 반박했습니다. Annie Jaubert, *Date of the Last Supper* (Staten Island, NY: Alba House, 1965) 프랑스의 성서학자인 조베르는 쿰란 공동체가 사용한 양력 달력solar calendar과 그 달력에 기반해 정해진 축일feast days을 근거로 예수의 마지막 만찬이 성 주간 화요일 저녁(에세네파는 양력으로 화요일 저녁에 유월절 식사를 했습니다)에 이루어졌을 것이라고 주장했습니다. 최후의 만찬이 화요일 저녁에 있었다고 상정하면 최후의 만찬에 관한 공관복음과 요한 복음서의 차이를 어느 정도 조화롭게 이해할 수 있습니다. 조베르의 이 흥미로운 가설은 어느 정도 관심을 끌었지만, 많은 학자의 지지를 받지는 못했습니다. 기원후 1세기 팔레스타인 지역에 서로 다른 두 종류의 달력이 존재한 것은 맞지만 예수가 에세네파의 관습을 따랐다고 확실하게 말하기는 어렵습니다.

을 더합니다.* 겟쎄마니에서 일어난 일에 대한 복음서의 보도들은 교훈적 의도와 구약성서와의 관련성을 볼 때 초기 교회가 변형한 흔적이 보입니다. 하지만 그럼에도 불구하고 이 이야기들은 예수가 시련을 맞이했을 때 기도했던 모습에 관한 오랜 전승을 담고 있습니다.

예수를 체포한 사건은 분명 유대인들의 소행이었습니다. 자료들을 살펴보면 빌라도와 제사장들이 예수의 체포를 공모했다고 보기는 어렵습니다. 공모했다면 그들은 각각 자신의 수하를 보냈을 것입니다. 로마 군인들, 제사장, 바리사이인들의 하인 무리를 모두 언급해 역사적 사실과는 거리가 먼, 전설 같은 이야기를 보도하는 것은 요한 복음서뿐입니다(18:3,12). 이를 통해 저자는 하느님의 아들을 체포하기 위해 얼마나 많은 인간의 무력이 필요했는지를 보여주고자 했

---

* "그분(예수)께서는 육신으로 계실 때에 그분을 죽음에서 구원하실 수 있는 분에게 크나큰 부르짖음과 눈물로 기도하고 간구하셨고, 하느님께서는 경외하여 받드는 마음을 보시고 (그 기도와 간구를) 들어주셨습니다." (히브 5:7)

"지금 내 마음이 괴롭습니다. 무슨 말을 할까요? '아버지, 이 시간으로부터 구원해 주소서' 하고 말할까요? 하지만 나는 바로 이 일 때문에, 이 시간을 위해 왔습니다. 아버지, 아버지의 이름을 영광스럽게 하소서." 그러자 하늘에서 소리가 들려왔다. "내가 영광스럽게 하였고 앞으로도 영광스럽게 하리라.'" (요한 12:27-28)

습니다. 그렇기에 요한 복음서에서 예수는 군인들이 놀라고 당황하는 가운데 자신을 체포하도록 승인하는 모습을 보여줍니다.

> 예수가 "내가 바로 그 사람이다"라고 말할 때 온 군대가 땅 바닥에 쓰러졌다. (18:6)

이러한 세부 묘사는 역사가 아니라 전설입니다.

 그다음에는 어떤 일이 일어났을까요? 산헤드린 공회가 정말 열렸을까요? 정말 한밤에, 그리고 새벽에, 두 번의 심문이 있었을까요? 예수를 기소한 근거는 무엇이었을까요? 성전을 위협한 것인가요? 메시아 행세를 했다는 것인가요? 정말 산헤드린 공회가 예수에게 사형을 선고했을까요? 산헤드린 공회가 그러한 권한을 갖고 있었을까요? 공관복음은 이러한 질문들에 서로 다른 답을 제시합니다. 하지만 이러한 불일치보다 더 어려운 점은 역사적, 법적 측면의 문제들입니다.[4] 이 질문들에 답을 제시하기가 어렵다는 점에 대해 좀 더

---

4 다음의 책들을 보십시오. Wedding Fricke, *Standrechtlich gekreuzigt. Person und Prozess des Jesus aus Galiläa* (Frankfurt: May Verlag, 1986) Dale M. Foreman, *Crucify Him: A Lawyer Looks at the Trial of Jesus* (Grand Rapids: Zondervan, 1990), 107-44.

살펴봅시다.

우리가 산헤드린에 대해 가지고 있는 정보 대부분은 미슈나에 포함된 한 논집에 의존하고 있습니다. 『산헤드린』이라는 이름의 이 논집은 예루살렘이 함락된 이후 바리사이파의 관점으로 쓰였습니다. 그렇기에 이 자료는 기원후 70년 이전의 산헤드린 공회, 사두가이파가 장악한 산헤드린 공회에 대해서는 거의 알려주지 않지요.

어떤 학자는 미슈나 기록을 바탕으로 재구성한 산헤드린 공회가 예수가 활동하던 당시 산헤드린 공회와 달랐을 것이라는 주장을 제기했습니다.[5] 그에 따르면, 당시에는 고대 그리스의 불레boulê나 게루시아gerousia와 유사한 원로들의 평의회the council of elders가 있었고, 필요할 때마다 열린 두 가지 모임(자문회의의 성격을 지닌 모임과 중재의 성격을 지닌 모임)이 있었습니다. 그리고 두 모임의 구성이나 개최 여부는 한 사람의 권위와 결정에 달려있었습니다. 이 견해에 따르면, 복음서와 요세푸스의 저작에서 쓰는 산헤드린은 바로 이 두 모임을 가리킵니다. 즉 두 모임을 '산헤드린'이라는 명칭을 지닌 후대

---

5 다음의 연구를 보십시오. James S. McLaren, *Power and Politics in Palestine: The Jews and the Governing of Their Land 100 BC-AD 70*, JSNTSup 63 (Sheffield: JSOT Press, 1991)

기관으로 뭉뚱그려 말하고 있다는 것이지요. 그러나 저는 복음서 저자들과 요세푸스가 기원후 1세기에 실제로 존재했던 기관을 언급하는 것이라고 생각합니다. 산헤드린 공회는 당시 존재했고 다양한 법적 문제들을 다룰 수 있는 권위가 있었습니다. 미슈나에 따르면 산헤드린에서는 하루 동안 숙고한 뒤 판결을 내렸고, 안식일, 축일, 준비일 등에는 재판을 열지 않는 관습을 상당히 오랫동안 지켰습니다.

예수가 산헤드린 공회에서 재판을 받았다면 적법한 처벌 절차는 이루어지지 않은 것입니다(앞에서 언급한 관습들이 무시되었기 때문이지요). 하지만 이 유대인들의 모임에서 정말 재판이 이루어졌을까요? 정말 1세기에 산헤드린이 사형 판결을 내릴 수 있는 권한을 가지고 있었을까요?

일부 학자들은 이 시기 산헤드린 공회는 사형 판결을 내릴 권한을 갖고 있었을 뿐 아니라 이를 집행할 수 있는 권한도 갖고 있었다고 주장합니다. 이러한 견해를 내비친 이들은 예수는 빌라도의 명령으로 로마식 처형을 당했기 때문에 유대인의 법정에 서지 않았다고 봅니다. 이를 뒷받침하기 위해 그들은 기원후 1세기 산헤드린의 명령으로 수많은 처형이 있었다는 기록을 인용하며 로마가 각 지역의 자치기구를

사건의 전개

존중했을 것이라고 말하지요.[6] 하지만 이들이 인용한 기록들은 결정적인 증거는 아닙니다. 산헤드린의 처형 판결 기록은 잃어버린 사형 언도권을 되찾기 위해 저지른 권한 남용으로 보는 것이 더 적절합니다. 속주 행정관procurator이 부재했을 때가 그러한 권한을 되찾기에 적당한 기회였을 것입니다. 이와 관련해서는 헤로데 대왕이 산헤드린 공회의 자치권을 극도로 제한했다는 사실을 기억할 필요가 있습니다. 게다가 당시 유대 지역처럼 불안정한 속주의 행정 장관이 자신의 직속 부하에게도 넘겨주지 않는 권한을 산헤드린에 주지는 않았을 것입니다. 요세푸스가 남긴 기록과 요한 복음서도 이러한 추정을 지지합니다. 요세푸스는 로마의 행정관이 오른편

---

[6] 키레나이카Cyrene에서 발견된 아우구스투스 황제의 다섯 칙령 중 첫 번째 칙령은 로마 시민권자들로 구성된 심판단이 아우구스투스 황제 치하에서 절반이 헬라인으로 구성된 심판단으로 개혁되었음을 시사합니다. 이 같은 예는 중범죄 처벌에 대해 로마가 가지고 있는 독점적 권리를 침해하지 않습니다. 행정 장관이 개인적으로 사건을 다룰 것인지, 아니면 심판단에게 사건을 넘길 것인지를 결정할 수 있었기 때문입니다. 키레나이카와는 달리 유대 지방은 자유시로 구성되지 않았습니다. 유대 지역의 지위는 시칠리아와 유사했습니다. 도시들이 로마의 지배 아래 있었고 로마의 장관이 독점적으로 중범죄에 대한 판결을 내릴 수 있다는 점에서 말이지요. 이와 관련해서는 다음의 연구를 보십시오. Fernand de Visscher, *Les édits d'Auguste découverts à Cyrène* (Louvain: Bureau du Recueil, Bibliothèque de l'Université, 1940, repr., Osnabrück: O. Zeller, 1965)

에 칼을 찬 채로 속주에 도착했다고 보도하며, 요한 복음서는 유대 지도자들이 "우리에게는 사람을 죽게 할 권한이 없다"(18:31) 말했다고 기술합니다.[7]

당시 이방인이 예루살렘 성전 "이방인의 뜰"을 넘어 거룩한 공간에 발을 들이지 못하게 하는 관습이 유지되었다고 해서 앞선 이야기의 설득력이 떨어지지는 않습니다.[8] 로마인들은 유대인들에게 이러한 금지 사항을 행사할 수 있는 예외적 특권을 부여했습니다. 하지만 이 권한을 구체적으로 어떻게 사용했는지 우리는 확실히 알 수 없습니다. 로마인이나 그리스인이 예루살렘에서 중대 범죄를 저질렀다면 사형당하기 전 법정에 서야만 했을까요? 그랬다면 그는 산헤드린 공회 앞에 서야 했을까요? 아니면 로마의 행정관 앞에 서야 했을까요? 누가 사형을 집행했을까요? 성전 경비원이 했을까요? 아니면 로마 군인이 했을까요?

어떤 역사가들은 예수가 활동하던 시기 산헤드린은 사형을 선고할 권한만 갖고 있었고 이를 집행할 권한은 갖고 있

---

[7] Josephus, *Jewish Antiquities*, 2.8.1 §117.
[8] 금지된 구역을 표시한 팻말이 이러한 내용을 담고 있습니다. 이와 같은 금지 사항들은 필론과 요세푸스의 기록에도 남아있습니다. 또한, 두 가지 종류의 금지문이 담긴 팻말이 발굴되었는데, 이들은 아주 선명하게 글이 새겨진 비석문으로 남아있었습니다.

지 않았다고 주장합니다. 어떤 학자들은 당시 통상 이루어지던 형사 절차ordo iudiciorum publicorum를 근거로 산헤드린은 일종의 배심원 역할을 맡아 예수의 유죄를 판결했고 빌라도는 행정 장관으로서 이 판결을 바탕으로 사형을 선고했을 것이라고 봅니다. 두 주장은 모두 예수가 산헤드린 공회에서 재판을 받았다는 이야기를 지지합니다. 이에 따르면 빌라도는 사형을 집행할 수 있는 권한을 가졌거나 사형을 선고하고 집행할 권한을 가졌기 때문에 예수 사건을 다시 검토해 추가로 조사하고 심문했을 것입니다. 두 주장은 당시 산헤드린이 실제로 어떤 권한을 가졌든 산헤드린 공회가, 그다음에는 빌라도가 예수를 심문했다는 1차 자료 보도들을 잘 설명해 줍니다.

복음서 속 자료들을 비평적으로 검토하면 예수의 재판에서 산헤드린이 어떠한 역할을 맡았는지에 대한 두 가설을 이해하는 데 도움을 얻을 수 있습니다. 루가 복음서와 요한 복음서에서는 산헤드린 공회가 예수에게 사형을 선고했다는 기록이 없으나(루가 22:71-23:1, 요한 18:24,28), 마태오 복음서와 마르코 복음서에는 있습니다. 하지만 마태오 복음서에서 "유죄 판결을 내렸다"는 말은 산헤드린 심문 장면에는 등장하지 않고 그 뒤에 나옵니다(마태 27:3).* 마르코 복음서는 수난 예고 중 한 곳(마르 10:33)과 산헤드린 심문 기록에 "사형을 언도하다"는 표현을 쓰는데 후자에는 다소 모호한 부분이 있습니다.9 복음서들에는 예수의 죽음을 유대인의 탓으로 돌리려는 경향이 있으므로 이 경우에는 루가 복음서와 요한 복음서가 마르코 복음서, 마태오 복음서보다 역사적 진실에 더 가깝다고 볼 수 있습니다. 정말 산헤드린이 예수에게 사형 판결을 내렸다면 그 판결이 예수의 죽음에 미친 영향에 대해 복음서들(혹은 복음서가 기초하고 있는 자료들)이 기록했을 가능성이 큽니다. 실제로 그랬다면 복음서 저자들은 그 부분을 더 강조했겠지요. 그러나 산헤드린이 예수의 처형에 미친 영향을 언급하지 않기 때문에 그런 일은 실제로 일어나지 않았을 것입니다.

---

* "그때에 예수를 넘겨준 유다는, 그가 유죄 판결을 받으신 것을 보고 뉘우쳐 그 은전 30을 대제사장들과 원로들에게 돌려주었다." (마태 27:3)

9 엘리아스 비커만Elias Bickerman은 그의 소논문 「십자가의 유익 - 정경 복음서에 나타난 예수의 재판 기록에 대한 관찰」Utilitas Crucis: Observations sur les récits du procès de Jésus dans les Évangiles canoniques에서 마르코 복음서 14:64를 "그들 모두가 그(예수)를 향해 죽임을 당할만하다고 선언했다"Tous se prononcèrent contre lui comme mérité la mort로 번역해 마르코가 이 표현을 사형 언도를 지칭하는 것으로 쓰지 않았다고 주장했습니다. Elias Bickerman, *Revue de l'histoire des religions* 112 (1935), 182-83.

제가 보기에, 산헤드린 공회는 예수의 사건을 심문만 했을 것입니다. 공회의 구성원들은 심문을 통해 예수를 극형에 처해야 한다고 판단했을 것입니다. 당시 산헤드린은 사형을 판결할 권한이나 집행할 권한을 갖고 있지 않았으므로 그러한 권한을 가진 로마 행정 장관에게 예수를 정죄하라고 보냈을 것입니다.

빌라도의 심문을 살펴보기 전에 예수의 첫 번째 심문 과정이 정확히 어떻게 이루어졌는지 재구성해보겠습니다. 일부 불일치에도 불구하고, 복음서 기록들은 모두 예수가 유대 지도자들 앞에서 두 번 심문받았다고 보도합니다(일부 단편만 남아있는 베드로 복음서는 빌라도가 유대 지도자들보다 예수를 먼저 심문했다고 보도합니다). 마태오와 마르코 복음서는 산헤드린 심문이 한밤중에 열려 긴 시간 이어졌고 다음 날 아침에도 짧게 심문이 이루어졌다고 기록합니다. 요한 복음서는 안나스 대제사장이 먼저, 그리고 그다음 가야파(가야바)가 예수를 심문했다고 말합니다. 이 진술들을 살펴보았을 때 예수가 산헤드린에 두 번 불려 나갔거나 혹은 두 부분으로 이루어진 심문 과정이 있었다고 보는 것은 역사적으로 신빙성이 있습니다. 제사장 혹은 이전 대제사장이었던 가야파와 그의 장인이자 산헤드린의 실력자 안나스는 예수가 체포되자마자 산헤드린 소집 직전에 예수를 심문한 것으로 보입니다. 베드로가 예수를 부인하는 장면에서 하인들이 불을 가운데 두고 모였다는 언급을 볼 때, 몇몇 영향력 있는 산헤드린 구성원들은 하인들을 대동하고 제사장에게 간 것 같습니다. 베드로가 예수를 부인한 사건은 실제 있었던 일로 보입니다. 베드로를 "기둥"으로 여겼던 초기 교회가 이렇게 수치스러운 이야기를 지어냈을 가능성은 매우 낮기 때문이지요. 그리고 이 일은 산헤드린 공회의 심문(즉 두 번째 심문) 때가 아니라 가야파와 안나스가 진행한 첫 번째 심문 중에 일어났을 것입니다.

이 과정에서 예수가 어떤 질문을 받았는지를 정확히 알 수는 없습니다. 요한은 이 궁금증을 조금이나마 해소해 줄 것 같은 기록을 남겼습니다.

> 그때 제사장이 예수에게 그의 제자들과 그의 가르침에 대해 물었다. (요한 18:19)

하지만 이는 역사적 사실을 담고 있는 구절이라기보다는 요한의 신학을 반영한 구절입니다.

예수가 받은 학대에 대해 복음서들은 다섯 가지 이야기를 들려줍니다. 분명히 이러한 이야기들은 실제 일어난 두 사건에서 유래했을 것입니다. 첫 번째 사건은 제사장의 심문을 마친 뒤, 혹은 산헤드린 공회에 출두한 뒤에 일어났고 두 번째 사건은 빌라도에게 심문받기 직전에 일어났습니다. 첫 번째 사건에서 예수는 예언자로 조롱받았고 두 번째 사건에서 예수는 왕이라고 조롱받았습니다.

산헤드린 구성원 전원이 모인 시점은 예수가 저녁에 체포되고 심문을 받고 난 뒤, 아마도 그다음 날이었을 것입니다. 이른 아침 산헤드린 공회는 예수를 심문했습니다. 그들은 예수에게서 어떤 죄목을 찾았을까요? 이와 관련해 요한 복음서는 아무 말도 하지 않기 때문에 의지할 수 있는 자료는 공관복음뿐입니다. 그 전에, 먼저 중요한 질문 하나를 다루어야 합니다. 초기 그리스도교인들은 예수의 심문 과정에 대해 어떻게 알 수 있었을까요? 보수적인 학자들은 아리마태아 요셉이나 니고데모가 비밀리에 이 이야기를 들려주었으며 초기 그리스도교 공동체는 이를 비밀로 두지 않았을 것이라고 주장합니다. 저를 포함한 비평적인 연구자들은 다른 곳과 마찬가지로 이 부분도 실제 일어난 역사적 사건을 보도하기보다는 초기 그리스도교 공동체의 관심사를 반영한다고 봅니다.

아침에 열린 심문은 두 단계에 걸쳐 이루어졌던 것으로

보입니다. 먼저 산헤드린 공회가 예수를 유죄로 판결하기 위해서는 만장일치의 결정이 필요했습니다. 만장일치에 이르지 못하면 소수 의견이 대제사장에게 이의를 제기할 수 있었습니다. 예수의 형제 야고보를 제사장 아나누스Ananus가 산헤드린의 만장일치 승인 없이 정죄하려고 했을 때가 바로 그런 경우였지요. 새로운 지방 행정관procurator인 알비누스Albinus가 오기 전 산헤드린 구성원 일부는 아그립파 왕(아그립파 2세Agrippa II)에게 불만을 제기했고 그 결과 대제사장 아나누스는 해임되었습니다.[10] 예수가 활동했던 시기 대제사장인 가야파는 이러한 절차를 보다 능숙하게 다루면서 실수를 저지르지 않았습니다. 뛰어난 수완 덕분에 그는 19년 동안 (기원후 18-37년) 자신의 지위를 유지할 수 있었습니다.

예수의 유죄를 입증하기 위해 가야파는 증인이 필요했습니다. 그래서 그는 예수가 한 말을 들었다고 증언할 사람들을 세웠지요. 복음서들은 그들의 증언 중 일부를 기록했습니다.

두 사람이 나서서 말했다. "이 사람이 하느님의 성전을 파

---

[10] Josephus, *Jewish Antiquities*, 20.9.1 §197-203.

괴할 수 있고, 사흘 만에 세울 수 있다고 하였습니다." (마태 26:60-61).

실제로 성전에 관해 예수가 한 말은 신약성서 곳곳에 나옵니다. 요한 복음서에서는 공관복음과 다르게 예수가 공생애 초반에 말했다고 보도합니다(요한 2:19). 사도행전에서는 스테파노(스데반)가 이 같은 말을 했다고 기록합니다.

> 이 사람(스테파노)이, 이 나자렛 예수가 이곳을 파괴할 것이고 모세가 우리에게 전해 준 규례들도 바꿀 것이라고 말하는 것을, 우리가 들었습니다. (사도 6:14)

그러므로 성전에 관한 말이 오직 예수가 산헤드린 공회에 소환된 일하고만 연관이 있다고 볼 수는 없습니다. 이러한 이유로 예수의 심문을 연구하는 일부 학자들은 성전에 관한 예수의 말을 아예 고려 대상으로 삼지 않기도 하지요. 그러나 이는 적절치 않습니다. 예수가 성전에 관해 한 말이 다른 곳에서도 나온다고 해서 예수의 재판을 연구할 때 이 말의 중요성이 희석되지는 않습니다. 물론 마르코 복음서가 예수를 모함하는 거짓 증언들과 예수가 한 말을 대조하는 이유를 생각해 볼 필요는 있습니다. 아마도 마르코는 "거짓 중언자들이 저를 거슬러 일어나 폭력을 내뿜습니다"(시편 27:12)라는 시편 구절을 의식했을 것입니다. 아니면 예수가 실제로는 성전을 파괴하겠다는 말을 하지 않았기 때문일 수도 있지요. 혹은 단순히 성전을 비판하며 세상의 끝날에 파괴될 것이라고 선언했을 수도 있습니다.

어떠한 경우든 성전에 대한 예수의 태도는 심문에 큰 영향을 미쳤을 것입니다. 이를 암시하는 실마리가 네 개 있습니다. 첫째, 이른바 "성전 정화 사건"은 매우 부정적으로 이해되었을 것입니다. 둘째, 성전에 대해 예수가 정확히 무슨 말을 했는지 알기 어렵습니다. 셋째, 구약에서 제사장 집단을 비판하고 성전에 대해 부정적 견해를 내비친 예언자들은 처형을 당하거나 핍박당했습니다(이를테면 예레 26:8-9, 20-23).*

---

* "... 예레미야가 주님의 명대로, 모든 백성에게 주님의 모든 말씀을 선포하니, 제사장들과 예언자들과 모든 백성이 그를 붙잡고 소리를 질렀다. "너는 반드시 죽고 말 것이다. 어찌하여 네가 주님의 이름을 빌려, 이 성전이 실로처럼 되고, 이 도성이 멸망하여 여기에 아무도 살 수 없게 된다고 예언하느냐?" 그러면서 온 백성이, 주님의 성전 안에 있는 예레미야를 치려고, 그 주위로 몰려들었다." (예레 26:8-9, 새번역)
"예레미야와 같은 말로, 이 성과 나라가 망한다고 주님의 이름으로 예언한 사람이 또 하나 있었다. 그 사람은 키럇여아림 사람 스마야의 아들 우리야였다. 여호야킴 왕은 그의 말을 듣고 군인들과 장교들과 함께 우리야를 죽이려고 찾았다. 우리야는 그것을 알아채고 겁이 나서

넷째, 사도행전은 스테파노, 바울, 그리고 그리스도의 제자들이 성전에 대해 예수와 같은 태도를 보여 유대인들의 비난을 받았다고 보도합니다(사도 6:14, 21:28). 성전과 관련된 예수의 말이 그의 심문 과정에 주요 쟁점이었다는 것은 분명 사실이지만 마태오 복음서, 마르코 복음서가 기록한 그대로 예수가 말했을 것이라고 보기는 어렵습니다. 산헤드린 공회가 예수에 대해 만장일치 판결을 내린 이유는 그의 예언자적 메시지를 유대교의 심장인 성전을 공격한 것으로 간주했기 때문이었을 가능성이 큽니다.

하지만 마르코 복음서와 마태오 복음서에 따르면 예수가 성전에 보인 입장만으로는 그를 정죄하기에 충분하지 않았습니다. 공관복음 세 권은 대제사장의 질문("당신이 메시아, 즉 찬양받으실 분의 아들이란 말이오?"(마르 14:61과 병행 구절))에 대한 예수의 답 때문에 산헤드린이 정죄를 결정했다고 보도합니다. 대제사장의 질문은 예수의 메시아와 왕으로서 정체성에 대한 두 번째 단계 심문의 포문을 열었습니다. 이제 증언자들은 필요하지 않습니다. 예수가 자신을 위해 증언할 것

이집트로 도망쳤다. 여호야킴 왕은 악볼의 아들 엘나단에게 몇 사람 딸려서 이집트로 보냈다. 그들은 이집트에서 우리야를 붙잡아 여호야킴 왕에게 데리고 왔다. 왕은 그를 칼로 쳐 죽여 서민 공동묘지에 그 시체를 묻었다." (예레 26:20-23, 새번역)

입니다.

> 당신이 찬양받으실 분의 아들, 메시아요? (마르 14:61과 병행 구절)

대제사장의 이 질문에 마르코 복음서만 예수가 직접 대답했다고 기술합니다. 이 복음서에서 예수는 대답합니다.

> 나는 나요(또는 내가 맞소). (마르 14:62)

이 대답은 십자가 처형이 가까워질수록 예수가 자신의 진정한 정체를 드러내는 마르코 복음서 특유의 그리스도론이 반영된 것이 분명합니다. 마태오 복음서와 루가 복음서에서 예수는 좀 더 모호한 답변을 합니다. 마태오 복음서에서 예수는 대답합니다.

> 당신이 그렇게 말했소(혹은 그렇게 말한 이는 당신이오). (마태 26:24)

루가 복음서에서 예수는 대답합니다.

내가 여러분에게 말하더라도 여러분은 절대 믿지 않을 것이오. (루가 22:67)

공관복음에 기록된 답변들 사이에는 이런 차이가 있지만, 그다음 예수가 한 말에 대해서는 공관복음이 모두 동일하게 보도합니다. "사람의 아들"the Son of Man에 관한 유명한 말이지요.

여러분은 사람의 아들이 권능자(힘)의 오른편에 앉아서 하늘의 구름과 함께 오는 것을 볼 것이오. (마르 14:62와 병행 구절)[11]

공관복음에 따르면 바로 이 말이 산헤드린의 판결에 영향을 주었습니다. 산헤드린 공회는 예수의 이 말을 듣고 신성모독이라고 선언했고 그가 죽어 마땅하다고 결정했습니다.

하지만 이 지점에서 몇 가지 궁금증이 떠오릅니다. 첫째, 기원후 1-2세기 수많은 거짓 메시아가 출현했으나 신성모독

---

[11] 앞에서 인용한 랍비 문헌(63쪽 각주 16)이 산헤드린에 소환된 예수에 대한 전승을 담고 있을 수도 있습니다. "그가 "나는 사람의 아들이오"라고 말하면 그는 결국 그것을 후회할 것이다."

혐의를 받은 사람은 아무도 없었습니다. 둘째, 마르코가 이야기하듯 예수가 실제로 '메시아'라는 칭호를 받아들였을 것이라고 보기 어렵습니다. 오히려 그는 사역 내내 이 칭호를 거부했던 것으로 보입니다. 셋째, 복음서들이 집필될 당시 예수가 메시아인지 아닌지 논쟁이 오가면서 유대인과 그리스도교인이 갈라지기 시작했습니다.[12] 그러므로 복음서 저자들은 복음서를 기록했던 시기 유대인들에게 걸림돌이었던 예수의 메시아 여부 문제를 복음서의 예수 이야기에 역투영했을 가능성이 큽니다. 넷째, 히브리 성서의 영향(시편 27:12(거짓 증언자들), 이사 53:7 (희생자의 침묵), 시편 110:1 (하느님의 오른편에 앉은 이), 다니 7:13 (사람의 아들))을 이 심문 보도 곳곳에서 감지할 수 있습니다. 이러한 영향을 고려하면 복음서가 전하는 이야기의 역사성에 의구심을 가질 수밖에 없습니다.

---

[12] 물론 그 시기 "그리스도교"는, 사회학적 표현을 빌자면, 유대교 내 한 분파sect로 존재했습니다. "그리스도교" 그룹 내에서 이방인의 수가 증가하면서 결국 유대교와 그리스도교로 분리되었지요. 다니엘 보야린Daniel Boyarin은 최근 한 연구에서 유대교와 그리스도교를 구분하는 것은 시대착오적이라고 주장했습니다. 하지만 이러한 구분이 4세기에서야 정립되었다는 그의 주장은 제가 보기에 설득력이 없습니다. Daniel Boyarin, *Dying for God: Martyrdom and the Making of Christianity and Judaism* (Stanford, CA: Stanford University Press, 1999) 보야린은 또 하나의 연구서를 출간했습니다. Daniel Boyarin, *Border Lines: The Partition of Judaeo-Christianity* (Philadelphia: University of Pennsylvania Press, 2004)

사안이 이렇게 복잡하므로 우리는 심문의 두 번째 과정 중에 정확히 무슨 일이 있었는지 질문해 보아야 합니다. 우선 실제 사건은 공관복음이 기록한 바와는 상당히 다르게 진행되었을 것입니다. 유대인의 관점에서 만장일치로 예수에게 거짓 예언자(신명 18:20)라는 죄목을 선언한 산헤드린 공회는 로마인의 눈으로 볼 때도 예수에게 사형을 선고할 만한 죄를 찾으려 했습니다.[13] 산헤드린은 정치 영역에서 이러한 죄목을 찾아냈습니다. 다시 대제사장의 질문을 살피면 정치적 요소가 뚜렷하게 감지됩니다.

당신이 찬양받으실 분의 아들, 메시아요?

대제사장은 분명 예수가 메시아를 참칭했는지 물음과 동시에 그의 정치적 의도를 캐물었습니다. 공관복음은 모두 이러한 측면을 정확히 알고 있었고 그에 걸맞게 예수가 답했다고 보도합니다. 그가 어떤 대답을 했을까요? 예수는 "사람의 아들"(예수가 자신을 "사람의 아들"로 여긴 것 같지는 않습니다)이 지

---

13 일부 학자가 주장하듯이, 산헤드린이 예수 당시에도 사형 판결을 내릴 권한을 가지고 있었다면 산헤드린은 빌라도에게 자신들이 이미 내린 결정을 단순히 인준받으려 했다고 볼 수 있습니다.

닌 초월적 권능에 대해 말했던 것이 분명합니다. 그렇게 답함으로써 그는 정치적인 측면에서 유대인과 로마인에게 맞서는 인물이라는 틀에 들어가기를 거부했습니다. "내 왕국은 이 세상에 속한 것이 아니"(요한 18:36)라는 예수의 말은 실제로 예수가 산헤드린의 질문에 답하며 한 말을 후대 그리스도교인들이 영적으로 해석한 것으로 보입니다. 예수는 자신이 "사람의 아들"이라고 말하지 않았지만, 그럼에도 불구하고 자신의 사역을 하느님 나라와 연결했습니다. 이러한 그의 답변은 산헤드린이 유죄 선언을 하기에 충분했습니다. 그들은 말했습니다.

우리에게 증언자가 더 필요합니까? (마르 14:63과 병행 구절)

마르코와 마태오는 이때 대제사장이 "여러분들은 신성모독을 들었소!"라 외쳤다고 전합니다(마르 14:64. 마태 26:6 참조). "신성모독"이라는 말 하나를 둘러싸고 오해는 증폭되었습니다. 분명 랍비 규율에 따르면 신성모독을 한 사람은 사형에 처할 수 있습니다. 하지만 이때 신성모독은 구체적으로 하느님의 이름을 소리 내어 말하는 것을 가리킵니다. 그러므로 엄밀히 말하면 예수는 신성모독을 하지 않았습니다. 오히려 대제사장의 질문에 답할 때 예수는 하느님의 이름을 말하는 것을 피하고 대신 "권능자"라는 말을 사용했습니다. 그러나 1세기 유대교에서 "신성모독"은 광범위한 의미로 쓰였으며 이러한 우회적인 표현은 혐의를 벗는 데 그리 도움이 되지 않았습니다. 예수가 재판을 받았을 당시 유대인들은 자신들의 종교에 커다란 위협이 되는 것처럼 보이는 행동은 무엇이든 "신성모독"으로 간주했습니다. 그렇기에 마르코 복음서 2:7에서 예수가 마비증 환자의 죄를 용서하는 광경을 보고 서기관들이 신성모독이라고 외친 것이지요.* 당시 "신성모독"의 범위가 넓었다는 것을 고려하면 산헤드린 구성원들은 대제사장의 질문에 대한 예수의 답변을 신성모독으로 간주했을 수 있습니다.[14]

심문을 마친 후 산헤드린은 만장일치로 예수가 유죄라고 선언했습니다. 당시 산헤드린은 사형을 선고할 권한을 갖고

---

* "예수께서는 그들의 믿음을 보시고 마비증을 가진 사람에게 말씀하셨다. "이 사람아, 당신의 죄들이 용서받았소." 이때 거기 앉아 있던 율법학자 몇 사람이 그들의 마음속으로 신중하게 따져 보고 있었다. "이 사람이 왜 이런 말을 하지? 하느님을 모독하는구나. 하느님 한 분 말고는 누가 죄를 용서할 수 있단 말인가?"" (마르 2:5-7)

14 더욱이 마르코 복음서와 마태오 복음서에 나오는 그리스어 '블라스페미아'blasphēmia는 신은 물론 사람을 향한 여러 종류의 불경한 행동과 태도를 가리킬 수 있습니다.

있지 않았으므로 빌라도에게 사절을 보내 예수에게 사형을 선고해 달라고 했습니다.[15] 유월절이 가까이 왔으므로 신속히 행동해야 했습니다. 유대 지도자들이 같은 날 재판을 마치고 형을 집행하기를 바랐다면 그들은 로마 행정관들이 일하는 시간인 아침에 빌라도에게 가야만 했지요.

빌라도의 재판을 살펴보기 전에 마지막으로 해야 할 말이 있습니다. 전통적으로 많은 이가 산헤드린을 비난했지만, 이는 잘못되었습니다. 전통적인 관점에 따르면 산헤드린은 예수가 신성모독을 저질렀다고 정죄했지만, 이를 근거로 들어 빌라도에게 넘길 수는 없었으므로 부정직하게 정치적 구실을 만들어내 로마의 응징을 받게 했습니다. 하지만 당시 유대인의 사고에서 두 요소는 분리될 수 없는 것이었습니다(사도행전에 나오는 바울의 사례를 보십시오). 산헤드린이 보기에 유대 종교를 향한 공격은 반드시 사회적이고 정치적인 소요로 이어질 수밖에 없었고, 따라서 로마인들의 심기를 건드릴 수밖에 없었습니다.

빌라도가 어떻게 이 사안에 개입했는지를 이해하기 위해

---

15 또는, 산헤드린이 이미 한 판결을 빌라도가 인준하고 집행해달라고 요구했다고 볼 수도 있습니다.

서는 로마 형법을 알아야 합니다.[16] 제정 시대 초기 로마에는 '콰이스티오네스 페르페투아이'quaestiones perpetuae, 즉 공화정 시대부터 존재했던, 시민권을 가진 이들로 구성된 배심원단이 있었습니다. 각 배심원은 정밀한 법 조항에 따라 개별 범죄(강탈, 신성모독, 살인 등)를 판결했습니다. 하지만 이렇게 통상 이루어지던 형사 절차가 시행되고 있는 와중에 새로운 행정 절차를 지닌 재판 형식인 '특별심리절차'cognitio extra ordinem가 등장했지요. 과거 학자들이 생각했듯 이러한 류의 재판은 어느 날 갑자기 생긴 것이 아니라 점진적으로 이루어졌습니다. 이 재판은 행정권과 재판을 판결할 수 있는 권한을 가진 황제, 원로회 의원, 행정 명령권자(이를테면 속주의 행정 장관)가 직접 주관했습니다. 처음에 이 새로운 형식의 재판이 등장한 이유는 '정상적'인 재판 형식이 다루기 어려운 사건을 다루어야 할 필요가 있어서였습니다. 그러나 점차 이 새로운 형식의 재판과 그에 수반되는 절차들은 모든 사건을 다룰 때

---

[16] 다음의 연구를 보십시오. Peter Egger, *"Crucifixus sub Pontio Pilato": Das "crimen" Jesu von Nazareth im Spannungsfeld römischer und jüdischer Verwaltungs- und Rechtstrukturen*, NTAbh, NS 32 (Münster: Aschendorff, 1997) Francesco Amarelli and Francesco Lucrezi, *Il processo constro Gesù*, Quaestiones 2 (Naples: Jovene, 1999)

적용되었지요.[17]

예수의 마지막 날들에 대한 연구와 관련이 있는 부분은 예수 활동 당시 로마 속주에서 처벌을 진행한 방식입니다.[18] 원로원 출신이 치리한 속주에서는 통상 이루어지던 형사 절차를 존중했고, 제정 시대에도 마찬가지였던 것 같습니다. 그곳에는 지역민으로 구성된 배심원단이 있었습니다. 하지만 유대 지역처럼 집정관령 속주procuratorial provinces의 경우에는 황제에게 권한을 위임받은 장관이 주관하는 '특별심리절차'가 형법 사건을 다루는 유일한 절차였지요.

원로원 출신이 치리하는 속주를 포함해 로마 제국의 모든 속주에서 중범죄에 대한 재판을 주관하는 권한, 사형을 판결할 수 있는 권한은 지방 권력자들이 갖고 있지 않았습니다. 중범죄는 언제나 행정 장관의 소관이었지요. 행정 장관은 특별심리 형식으로 사건을 자신이 직접 주관하거나, 재판

---

17 다음의 연구를 보십시오. Jean Gaudemet, *Institutions de l'Antiquité* (Paris: Sirey, 1967), 778쪽 이하.

18 Jochen Bleicken, 'Senatsgericht und Kaisergericht: Eine Studie zur Entwicklung des Prozeßrechtes im frühen Prinzipat', *Abhandlungen der Akademie der Wissenschaften in Göttingen*, phil.-hist. Klasse, 3. Folge, 54 (Göttingen: Vandenhoeck & Ruprecht, 1962), 166-88에 실린 부록2를 보십시오. 또한 참고문헌 목록에 있는 소논문들을 보십시오. *Revue international des droits de l'antiquité*, 3rd ser., 11 (1964)

관이 있는 경우 그에게 넘길 수 있었습니다.[19] 자유시로 구성된 키레나이카 같은 속주에는 보통 법정에 재판관들이 있었고 행정 장관은 그들 중 한 명에게 사건을 맡겼습니다. 하지만 유대 지역 같은 집정관령 속주에는 행정 장관만 사형 판결을 내릴 수 있는 권한을 갖고 있던 것으로 보입니다. 유대에서 행정 장관은 배심원단을 구성할 만큼의 충분한 수의 로마 시민권자들을 찾기 어려웠을 것이고, 재판관 임무를 수행할 수 있을 정도로 충분한 재력을 갖춘 로마 시민권자는 많지 않았을 것입니다. 또한, (바울과 달리) 예수처럼 로마 시민권자가 아닌 사람에 대한 중범죄 심리절차는 상설배심재판 형식이 아니라 대개 특별심리절차를 따라 행정 장관이 담당했습니다.

여기서 두 가지 경고할 내용이 있습니다. 먼저 저는 로마법 전문가가 아닙니다. 그리고 이러한 주제를 다룬 고대 자료들이 많지 않고 그나마 있는 자료들도 해석하기가 쉽지 않지요. 그러나 예수의 재판 과정에 대한 복음서의 보도는 이와 같은 사법절차와 일치하기 때문에 어느 정도 확신을 가지고 말할 수 있습니다. 예수는 황제의 권한을 대신하는 행정

---

19 제1차 키레나이카 칙령을 보십시오.

장관 개인에게 특별심리절차에 따라 재판을 받았습니다.

특별심리절차에서는 행정 장관이 조언을 해줄 사람들을 두고 자의로 재판을 구성하고 절차를 진행할 수 있었습니다. 이때 행정 장관은 상당한 정도의 자율권을 갖고 있었기에 그는 소송 당사자들을 불러 송사를 청취하고, 유죄와 처벌 가능성을 타진하며 구체적인 법률을 따르지 않고서도 판결을 내릴 수 있었지요. 상설배심재판은 재판의 절차와 범주를 세심하게 구분했지만, 특별심리절차는 이러한 구분을 무시하고 진행할 수 있었습니다. 예수의 재판도 이런 경우에 속하지요.

하지만, 재판관이 모든 측면에서 완전한 자유를 누렸던 것은 아닙니다. 어느 정도 자율성을 갖고 있다 해도 그는 법률의 본질적인 원리를 존중해야 했습니다. 재판관의 임무는 사법 판단의 오류를 피하고 강자가 약자를 부당하게 핍박하는 상황을 막는 것이었습니다. 심문 중에 행정 장관은 기소인과 피고인에게 공평하게 발언 기회를 주고 사건에 대해 치우침 없는 견해를 피력해야 했습니다. 또한, 황제의 대리인으로서 행정 장관은 황제가 공표한 모든 훈령을 존중해야 했습니다. 황제의 변덕과 속주 관료들의 비난을 의식해 행정 장관들은 종종 황제의 의견에 자신의 판결을 맞추기도 했습니다(소小 플리니우스Pliny the Younger와 트라야누스Trajan 황제 사이에 오간 편지들은 이러한 상황을 잘 보여줍니다. 여기서 황제는 비다니아의 행정관인 플리니우스가 자신의 명령을 받기 전에 행동을 취한 것에 불편한 마음을 내비칩니다).

빌라도는 특별심리절차를 통해 예수를 심문했는데 이때 심문은 단순한 심문de plano이 아니라 법정에서 사건의 진실을 파헤치는 심문pro tribunali이었습니다. 마태오 복음서와 요한 복음서에 있는 행정 장관의 재판석bēma에 대한 언급은 이러한 심문의 차이를 제대로 구별하고 있음을 보여주지요(마태 27:19, 요한 19:13). 예상할 수 있듯 빌라도는 예수를 고소한 이들인 유대 지도자들의 의견을 먼저 청취했습니다. 유대 지도자들은 구체적인 법률 조항을 대며 기소를 할 수 없었습니다. 대신 그들은 로마인의 시각으로도 정죄 받을 만하다고 할 수 있는 행동과 태도의 문제를 제기했습니다. 예수가 군중을 동요했다든가 메시아임을 자처하면서 황제에 대한 불복종을 선포했다는 식으로 말이지요. 이러한 예수의 행동들은 로마인의 시각에서 매우 정치적 성격을 지닌 행동들이었습니다.

빌라도는 절차를 존중하는 차원에서 피고인의 말을 청취했습니다. 그는 예수가 전통적으로 범죄자들이 재판관에게 잘 보이기 위해 취하는 태도와 방법(풀어헤친 머리카락, 칙칙한 색의 옷, 탄원하며 고분고분한 자세 등)을 사용하지 않는 것을 보고 놀랐습니다.[20] 예수는 그저 침묵했지요. 복음서들은 예수의 침묵에 당황하고 주저하는 빌라도의 모습을 보도합니다. 하지만 이것이 역사적 사실이라고 보기는 어렵습니다. 어떤 연구자들은 초기 그리스도교인들이 빌라도에게 책임을 지우지 않으려고 주저하는 빌라도의 모습을 복음서에 삽입했다고 주장합니다. 실제로 공관복음에서는 예수 처형의 책임을 빌라도에게 돌리지 않으려는 분명한 의도가 보입니다. 복음서가 그리는 빌라도의 모습은 필론과 요세푸스가 기록한 빌라도의 모습(잔인하고 악랄한 인물)과 사뭇 다릅니다. 빌라도에 대한 서로 다른 묘사가 존재하는 것은 세 가지 이유를 들어 설명할 수 있습니다. 첫째, 예수에 대해 유대 지도자들이 행사한 압력에 굴하지 않는 모습을 보이면서 빌라도가 자신의 우위와 독립적 지위를 증명하려 했을 수 있습니다. 둘째, 복음서 저자들이 변증의 의도를 가지고 (즉, 그리스도교인들이 자신들의 주적인 "유대인들"에게 예수의 죽음에 대한 책임을 온전히 덧씌우기 위해) 빌라도의 모습을 "세탁"했을 가능성이 있습니다.

---

20 다음을 보십시오. Josephus, *Jewish Antiquities*, 14.9.4 §172.

셋째, 빌라도가 취한 태도에 대한 다양한 묘사는 유대교와 로마 제국의 정치적 관계의 변천을 반영한 산물일 수 있습니다. 어떤 가설이 맞든지 간에, 빌라도가 예수 사건 처리를 유대인에게 양보하기 싫어했다는 점은 분명합니다. 그가 군중의 반응을 두려워했을 수도 있으나, 그럼에도 불구하고 유대 지도자들의 계략에 수그리고 들어가고 싶어 하지는 않았던 것으로 보입니다. 피고인 예수의 예측을 벗어난 행동에 빌라도는 놀랐을 것입니다.

루가는 빌라도가 간단히 심문을 마치고 예수를 헤로데에게 보냈다고 전합니다. 어떤 학자들은 빌라도가 법 규정에 따라 예수를 헤로데에게 보냈다고 주장합니다. 루가 복음서 기록을 봅시다.

> 빌라도가 이것을 듣고 이 남자가 갈릴래아 사람인지 물었다. 예수가 헤로데의 관할에 있다는 것을 알고서는 빌라도가 예수를 그 당시 예루살렘에 있던 헤로데에게 보냈다. (루가 23:6-7)

이 이야기의 역사성을 옹호하는 이들은 당시 범죄자는 범죄를 저지른 속주 forum delicti가 아니라 범죄자가 거주하는 속주에서 재판을 받아야 했다forum domicilii고 주장합니다. 하지만 이런 절차는 후대에 발전했으며 게다가 일상심리 절차ordo에만 영향을 주었던 것으로 보입니다. 제정기 초기에 사건들은 범죄가 일어난 속주에서 판결받았습니다. 그러므로 헤로데에게 예수를 인도한 행위는 법적 의무 사항은 아니었습니다. 어찌 되었든 "범죄인(예수)" 인도는 헤로데에 대한 존중의 표시였거나 도망친 범죄자들을 인도받을 수 있는 헤로데의 특권 유지와 관련된 일일 수 있습니다. 확실한 것은 갈릴래아 사람 예수는 유대 지역에서 로마 행정관에 의해 처벌받아야 했다는 점입니다. 헤로데 앞에 서게 된 예수 이야기는 역사적 사실이라고 보기 어렵습니다. 이 이야기는 사도행전 4:27이 시사하듯 메시아에 대한 내용을 담고 있는 시편 2편이 실현되었음을 보여주려는 복음서 저자의 의도가 반영된 것입니다.

> 땅의 왕들이 굳게 자리 잡고 군주들이 함께 손을 잡고 야훼와 그분의 기름 부음 받은 이를 거스른다. (시편 2:2)

이 시편이 헤로데 이야기 작성에 영감을 주었다면 이 이야기

가 역사적으로 신빙성이 있다고 보기는 힘듭니다.[21]

그렇다 할지라도 베드로 복음서가 헤로데를 이야기에 등장시킨 점은 주목할 필요가 있습니다. 본문이 파편으로만 남아 있어 갈릴래아 지역의 통치자가 이야기에서 정확히 어떤 역할을 했는지 식별하기는 어렵지만, 여기서는 빌라도와는 달리 헤로데가 유대인들과 자신의 재판관들과 마찬가지로 손을 씻지 않은 것으로 보도합니다. 이런 진술은 예수의 죽음에 헤로데의 책임도 있었음을 암시하지요. 또한, 베드로 복음서는 빌라도가 명령했든 하지 않았든 헤로데가 예수를 처형시키기 위해 전체 일을 꾸몄다고 말합니다. 그리고 특이하게도 아리마태아 요셉이 십자가형으로 죽은 예수의 시신을 수습하고자 할 때 빌라도가 헤로데와 상의를 한 뒤 그 요청을 수락했다고 전합니다. 이 이야기의 세부 사항을 어떻게 보든 베드로 복음서는 갈릴래아의 통치자인 헤로데가 예수의 재판이 열렸을 때 예루살렘에 있었고 예수의 운명과 어느 정도 관련이 있다고 보았다는 점에서 루가 복음서와 일치합니다. 헤로데가 예수의 처형에 관여했다는 보도는 사람들의

---

21 어떤 역사가들은 헤로데를 행정 장관이 임명한 "권리를 양도받은 재판관"iudex datus이라고 봅니다. 하지만 유대 속주에서는 행정 장관 자신이 재판을 주도했기 때문에 이 가설은 별로 설득력이 없습니다.

기억에 남은 역사적 사실에 바탕을 두었을 것입니다. 유월절을 기념하기 위해 헤로데가 갈릴래아를 떠나 거룩한 도성 예루살렘으로 갔을 가능성은 대단히 큽니다.

그다음 주목해 볼 점은 바라빠에 관한 일화들입니다. 네 복음서 모두 이 이야기를 다룹니다(그리고 사도 3:3-14를 보십시오). 당시에는 행정 장관이 군중을 달래기 위해 유월절 기간 죄수 한 명을 풀어주는 관례가 있었던 것 같습니다. 복음서에 기록된 이야기들을 보면 빌라도가 예수를 재판할 때 군중이 몰려와 "그(빌라도)가 그들에게 해왔던 대로 일을 행하도록 요청하기 시작했다"(마르 15:8)고 합니다. 유월절 사면 관습이 실제 있었는지는 여전히 논쟁 중입니다. 그러한 관습의 존재를 확증해주는 문서가 없기 때문이지요.[22] 하지만 그런 문서의 부재가 바라빠 이야기의 역사성을 완전히 부인할 충분한 근거는 되지 못합니다. 바라빠 이야기를 지어낼 만한 변증의 의도나 이야기에 구약의 모티프, 익숙한 전설의 요소

---

[22] 다음의 연구를 보십시오. Gordon Thomas, *The Trial: The Life and Inevitable Crucifixion of Jesus* (London: Bantam, 1987), 218-19. 토머스는 유대 율법과 로마법에 나타난 사면에 관해 조사했는데 로마인들이 두 종류의 사면을 구분했다는 사실을 관찰했습니다. 하나는 '아볼리티오'abolitio(사면)이고 다른 하나는 '인덜젠티아'indulgentia(처벌을 면하게 함)이지요. 그는 로마인들이 성대한 종교 축일에 그리스인들이 사면을 했던 관습을 이어받았다고 주장합니다.

가 없기 때문입니다. 오히려 그리스도교인들에게 충격을 주는 요소가 있다는 점이 이 이야기의 역사성을 보여준다고 할 수도 있습니다. 이야기에서 처벌을 면하게 된 죄수의 이름은 예수 바라빠Jesus Barabbas입니다. 사면받은 죄수의 이름이 "예수" 바라빠라는 점에 많은 그리스도교인은 불편해했습니다. 이는 대다수 복음서 사본이 예수 바라빠에서 "예수"를 삭제했다는 점을 보면 알 수 있습니다. 그리고 이 이야기(너무나 수수께끼 같으며, 정의에 대한 가장 기본적인 원칙을 정면으로 거스르는 이야기)를 통해 우리는 행정 장관의 관저praetorium 근처에 군중이 있었다는 사실을 알게 됩니다.

대제사장들은 군중을 동요시키지 않고 예수를 제거하고 싶어 했으나 그들의 계획은 성공하지 못했습니다. 군중이 재판 도중에 들이닥쳐 관례에 따라 죄수 한 명을 사면해주길 요청했기 때문이지요. 바로 그때부터 군중은 예수 재판이라는 "드라마" 전면에 등장합니다. 대제사장들은 군중을 자극해 예수에 대한 반감을 불러일으키려 했습니다. 그렇다면 빌라도는 판결을 내릴 때 대중의 견해를 청취하려고 했을까요? 군중 다수의 목소리(혹은 의견)vox populi는 헬레니즘 시대의 법체계의 영향을 받은 1세기 동방 지역에서 어느 정도 영향력이 있었던 것 같습니다. 이를테면 자유시에서 대중은 민심을 대표하는 역할을 하면서 지역 관료들에게 영향력을 행사했지요. 그러나 군중의 외침이 마치 투표와 견줄 만한 정도의 힘으로 예수를 죽음에 이르게 만들었다는 상상은 역사적으로 부정확합니다.[23] 최종 결정은 오로지 빌라도에게 달려있었습니다. 하지만 빌라도의 결정이 군중의 압박을 못 이겨 나온 것이라는 주장은 옳습니다. 예루살렘은 자유시는 아니었던 것으로 보이지만 행정 장관이 군중의 외침을 의식하지 않을 수는 없었을 것입니다. 빌라도는 이러한 압박에 굴복하면서 내심 이제 더한 요구는 응하지 않아도 된다고 생각했을 것입니다.[24]

결국 빌라도는 예수에게 사형을 선고했습니다. 일부 독자들은 "예수를 채찍질한 뒤 그는 예수를 십자가형에 처하도록 넘겨주었다"(마르 15:15)라는 구절에 충격을 받았을 텐데 이는

---

23 장 콜링이 이와 같은 견해를 주장했습니다. Jean Colin, *Les villes libres de l'Orient gréco-romain et l'envoi au supplice par acclamations populaires* (Brussels: Latomus, Revue d'études latines, 1965)

24 로마의 배심원단은 군중이 재판관들에게 압력을 행사할 수 있음을 잘 알고 있었습니다. 그 때문에 그들은 재판관이 대중의 견해와 군중의 외침에 흔들리지 말라는 지침을 만들었지요. 유스티아누스 법 The Code of Justinian 9.47.12은 이와 관련해 디오클레티아누스 황제와 막시미아무스 황제의 글을 언급합니다. "대중의 허탄한 목소리에 귀 기울이지 말아야 한다 Vanae voces populi non sunt audiendae." 다음 연구를 보십시오. Elias Bickerman, 'Utilitas Crucis', 209-10.

오해에서 비롯된 것입니다. 전문적인 성서 연구자가 아닌 이들의 눈에는 이 구절이 빌라도의 판결 과정을 전혀 언급하지 않는 것처럼 보일 수도 있습니다. 그러나 이 표현은 정확히 특별심리절차로 이루어진 재판의 마지막 부분을 요약한 것입니다. 앞서 말한 대로, 특별심리에서는 재판관이 피고인의 유죄 여부와 처벌을 한 번에 결정해야 했습니다. 마르코 복음서의 저 구절은 빌라도가 정한 처벌을 기록하면서 암시적으로 예수가 유죄 판결을 받았고 처벌받아야 했다는 사실을 확증합니다. 이와 마찬가지로 로마법 학자들은 이러한 재판에서 사형 선고를 내릴 때 다음과 말했다고 이야기합니다.

> 두키 이수이트duci issuit("그는 그자가 끌려가 처형되어야 한다고 명했다").[25]

관례에 따라 빌라도는 예수를 십자가 처형하기 전 막대기로 때렸습니다(로마법 학자들은 처벌 대신 가하는 비교적 가벼운 매질fustigation(루가 23:16을 보십시오)과 십자가형 전에 시행하는 채찍질

---

25 일반심리 절차ordo에 따른 재판은 다른 방식으로 재판을 종결했을 것입니다. 배심원단이 유죄 여부에 대한 결론을 내리면 피고인의 범죄에 해당하는 법률에 따라 정무관magistrate이 처벌 수위를 판단했을 것입니다.

flagellation을 구분합니다).²⁶ 이러한 상황에서 로마 군인들은 자신들의 쾌락을 위해 이러한 매질을 가함으로써 관습적인 처벌을 잔인한 광경으로 탈바꿈시켰습니다. 몇몇 고대 문헌에 기록된 축제나 서커스를 흉내내며 로마 군인들은 예수를 자신들의 놀잇감으로 만들었습니다.²⁷ 사투르날리아 축일 festivals of Saturnalia에서 제비뽑기를 통해 왕으로 뽑힌 사람처럼 예수는 왕권을 상징하는 것들(붉은 망토, 갈대, 가시 왕관)을 받았습니다. 물론 로마 군인들이 의도적으로 로마의 축일을 기념하려 한 것은 아니었을 것입니다. 그저 기분전환용으로 그런 행동을 했겠지요. 로마 축일에 대한 패러디가 패러디된 것입니다.

장면이 바뀌고 이제 예수는 십자가를 집니다. 십자가 세로 형틀은 처형장에 이미 박혀있었으므로 예수는 파티불룸 patibulum이라고 불리는 십자가의 가로 형틀만 매고 갔을 것입니다. 매질과 피로로 약해진 예수는 골고다로 걸어가다 비틀거렸습니다. 예수를 돕기 위해 군인들은 키레나이카 출신 시

---

26 리비우스의 기록을 보십시오. Titus Livy, *The History of Rome from Its Foundation*, 33.36.3.

27 Philo, *In Flaccum* 6.36-39. Martial, 'De spectaculis 7. Martyre de saint Dasius', *Analecta Bollandiana* 16 (1897), 5-16.

몬이라는 이름의 남자를 불렀습니다. 시골에서 돌아온 그는 십자가 처형지까지 남은 길을 예수의 십자가를 지고 갔습니다(마르 15:21). 마르코 복음서(15:23)와 마태오 복음서(27:34)에 따르면 어떤 사람이 몰약을 섞은 포도주를 건넸으나 예수가 거절했다고 전합니다.[28] 랍비 전승에 따르면 당시 도시 출신의 신실한 여성들은 형벌 받는 죄수들의 고통을 덜어주기 위해 이 같은 마취 효과가 있는 음료를 준비했습니다.[29]

그리고 복음서들은 너무나도 간결한 서술을 남깁니다.

> 그들이 그를 십자가형에 처했다. (마르 15:24)

50여 년 전 고고학자들은 예루살렘에서 십자가 처형을 당한 사람의 납골함 안에서 유골을 발견했습니다.[30] 이 고고학의 발견 덕분에 우리는 그 당시 사람의 몸이 십자가에 어떻게 매달려 있었는지 더욱 정확히 알 수 있게 되었지요. 납골함

---

[28] 마태 27:48, 마르 15:36, 루가 23:36은 십자가 위에서 예수에게 식초에 적신 해면이 건네졌다고 보도합니다. 요한 19:28-30도 "내가 목마르다"라고 말한 예수가 이를 받아 마셨다고 전합니다.

[29] *Babylonian Talmud*, Sanhedrin 6(다른 판본에서는 43a에 해당).

[30] 이 책의 참고문헌에 있는 *Israel Exploration Journal* 20 (1970)에 수록된 소논문들을 보십시오.

에서 발견된 사람은 세 곳에 못이 박혔는데, 두 못은 각 손목에, 그리고 긴 못은 겹쳐진 발뒤꿈치에 박혀있었습니다. 두 다리는 무릎이 꺾인 채 눌려 있었지요. 엉덩이를 지지하는 목각 지지대는 십자가에 달린 몸이 무게로 인해 찢겨 땅으로 떨어지는 것을 방지했습니다. 이 지지대 때문에 고통의 시간은 길어졌습니다. 십자가에 달린 사람은 쉼 없이 자기 몸을 똑바로 세우려고 애를 썼고, 수 시간 동안 고통스러워하다 이내 질식과 파상풍(혹은 패혈증)으로 죽음을 맞이했습니다. 예수는 빌라도가 놀랄 정도로 일찍 죽었습니다(마르 15:44).*
대다수 현대 의사들은 예수가 점차 질식이 악화되어 심정지로 죽었다고 봅니다. 보통 십자가형을 받은 사람은 숨 쉬는데 어려움을 겪으며 천천히 죽기 때문에, 예수가 죽기 전 큰 소리를 질렀다는 복음서들의 보도는 당혹스럽습니다.

십자가에 못 박힌 예수가 했다는 일곱 마디 말(가상칠언)은 실제 있었던 일이 아니라 전설에 가까운 이야기에 각 복음서 저자의 신학이 반영된 것입니다. 가상칠언 중 첫 번째 말은 마르코 복음서와 마태오 복음서에만 나옵니다.

---

* "그러자 빌라도는 예수가 벌써 죽었는가, 하며 놀랐다. 그는 백명대장을 불러서 예수가 죽은 지 오래되었는지를 캐물었다." (마르 15:44)

"엘로이, 엘로이, 레마 사박다니?" 이를 번역하면, "나의 하느님, 나의 하느님, 무엇을 위해 나를 버리셨습니까?"이다.

(마르 15:34, 마태 27:46)[31]

이 말이 예수를 부당하게 고통받는 의인의 본으로 후대 그리스도교인들에게 제시하기 위해 창작한 것임에는 의심의 여지가 없습니다. 아람어와 그리스어로 인용된 이 말은 시편 22:2에서 인용한 것입니다. 이 시편은 '구조를 요청하는 개인의 기도'라는 문학 장르에 속합니다. 역설적으로 전승은 이를 통해 예수를 하느님께 비극적으로 버림받았다고 느끼는 경건한 유대인으로 그립니다.

가상칠언 중 세 말은 루가 복음서에만 나옵니다. 그 중 첫 번째 말은 이렇습니다.

아버지, 저들을 용서하십시오. 그들은 자기들이 무슨 일을 하고 있는지 알지 못합니다. (루가 23:34)[32]

---

[31] 앞에서 언급했듯이 베드로 복음서는 이 말씀과 약간 다른 전승을 전합니다. "나의 힘, 오 힘이여, 당신은 나를 떠나셨습니다." (베드로 복음서 19)

[32] 저는 이 간구가 루가 복음서의 오래된 전승층에 속한다고 생각합니다. 비록 대부분의 오래된 사본들이 그것을 포함하고 있지 않지만 말

예수를 정죄한 이들의 죄책을 지우려는 바람은, 이 말을 기록한 루가의 신학에 부합합니다. 루가는 첫 번째 그리스도교 순교자인 스테파노(예수와 스테파노의 이야기는 서로 많이 겹칩니다) 역시 예수와 비슷한 용서를 간구했다고 서술합니다(사도 7:60).[33] 두 번째는 참회하는 강도에게 예수가 한 말입니다.

> 진실로 당신에게 말합니다. 오늘 당신은 낙원에서 나와 함께 있을 것입니다. (루가 23:43)

마르코 복음서의 경우 강도들에 관해 간략하게 언급하는데 반해(마르 15:27), 루가 복음서와 베드로 복음서는 좀 더 자세히 서술합니다.[34] 루가 복음서가 보도하는 십자가에서 예수가 말한 세 번째 말은 다음과 같습니다.

이지요. 일부 사본들이 이를 생략했다면, 이는 필사가가 보기에 예수를 죽인 사람들이 하느님의 용서를 받은 게 아니라 이미 벌을 받았기 때문일 수 있습니다. 이 필사가들은 예루살렘의 멸망도 하느님이 심판하셨다는 증거로 이해했습니다.

33 "(스테파노는) 무릎을 꿇고 큰 소리로 외쳤다. "주님, 이 죄를 저 사람들에게 돌리지 마십시오."" (사도 7:60)

34 베드로 복음서도 두 명의 죄수를 언급합니다. 그중 하나는 주님의 옷을 나누어 가진 이들을 비난합니다. "우리 자신은 우리가 행한 나쁜 짓들 때문에 이런 고통을 당하오. 하지만 사람들의 구원자가 된 이 사람이 당신들에게 무슨 잘못을 했단 말이오?" (베드로 복음서 13)

사건의 전개

아버지, 내 영을 당신의 손에 맡깁니다. (루가 23:46)

루가 복음서에 기록된 가상칠언 중 첫 번째 말과 마찬가지로 이 마지막 말은 잔인하고 부당한 죽음을 맞이하는 순간에도 믿음으로 인내하는 예수를 보여줍니다. 루가는 죽음을 맞이할 때 시편(시편 31:6, 루가는 시편에는 없는 "아버지"라는 호칭을 덧붙였습니다)을 읊는 예수의 모습을 그림으로써 그의 신실함을 강조했습니다.

가상칠언 중 나머지 세 마디는 요한 복음서에 나옵니다. 먼저 예수는 마리아와 사랑받는 제자에게 말합니다.

> 예수께서는 그의 어머니와 곁에 서 있는 사랑하신 제자를 보시고, 어머니에게 말씀하셨다. "부인, 보십시오, 당신의 아들입니다." 그리고 그 제자에게 말씀하셨다. "보시오, 당신의 어머니입니다" 하셨다. 그 시간부터 그 제자는 그분을 자기 집에 모셨다. (요한 19:26-27)

이 말은 역사적으로 실제 일어난 기록이기보다는 요한의 신학을 반영한 기록입니다. 요한은 사람들을 하나로 묶는 교회 공동체라는 새로운 관계 형태가 십자가 아래서 형성되었다고 봅니다. 이 공동체는 생물학적 가족이 아니라 영적 가족을 중시합니다. 역사적 관점으로 보면 마태오 복음서와 마르코 복음서가 십자가 처형 장면을 더 정확하게 묘사한 것으로 보입니다. 두 복음서는 제자들이 참담함을 느끼며 도망쳐 숨었다고 보도했지요(마르 14:30, 마태 26:56).[35]

요한 복음서에서 십자가 위의 예수가 한 두 번째 말은 예수가 겪은 고통을 표현합니다. 여기서 예수는 외칩니다.

> 내가 목마르다. (요한 19:28)

그러고 나서 예수는 식초에 적신 해면을 받았습니다.

이제 요한 복음서는 십자가 위에서 예수가 한 마지막 말을 보도합니다. 죽는 순간에 그는 선언했습니다.

> 완결되었다. (요한 19:30)

이 말은 요한의 신학을 분명하게 드러내 보입니다. 예수의 죽음이 아무리 역겹고 어리석어 보일지라도 그 죽음은 하느

---

[35] 루가 복음서가 이 문제를 보는 관점(루가 23:49)은 뒤에서 설명할 것입니다.

님의 계획을 성취했습니다. 그리고 이와 더불어 십자가 위에서는 요한 복음서의 예수가 오랫동안 기다린 "때/시간"이 왔습니다(2:4, 7:30, 8:20, 12:23, 27, 13:1,17).

지금까지 살펴본바 가상칠언은 실제 일어난 역사의 범주에 속하지 않음을 알 수 있습니다. 후대 순교자들을 다룬 이야기(순교자 열전)와 마찬가지로 가상칠언 역시 성서에 관한 숙고, 신학적 숙고, 그리고 전설 같은 성격의 세부 묘사를 담고 있습니다. 예수가 실제로 십자가에서 무언가 말했다 하더라도, 그 말은 복음서 이야기에 나오지 않습니다.

이 칠흑 같은 시간 가운데 예수의 제자들, 친구들, 가족들에게는 무슨 일이 일어났을까요? 앞에서 말했듯 복음서 저자들은 이 물음에 서로 다르게 답합니다. 제자들이 도망갔다고 보도한 마르코 복음서와 마태오 복음서가 루가 복음서나 요한 복음서보다 역사적 사실에 더 가까운 것으로 보입니다. 요한복음서 저자는 사랑받는 제자가 예수의 십자가 아래에 서 있었다고 이야기함으로써 계시의 전달 과정(하느님에서 그리스도로, 그리고 그리스도에서 그의 사랑받는 제자로의 과정)을 확고히 합니다. 요한 복음서에서 사랑받는 제자는 성자가 아버지 품 안에 있었듯(1:18), 최후의 만찬 때 예수의 품에 기댑니다(13:23,25). 제자들의 권위를 떨어뜨리고 싶지 않았던 루가는 그들이 단지 멀찍이 서 있었다고 말합니다(23:49). 그렇게 그는 예수가 고통을 겪고 있을 때 제자들이 그의 곁에 있지 않았음을 암묵적으로 인정합니다. 하지만 이 구절에서 우리는 루가가 느꼈던 당혹감을 감지할 수 있습니다. 여기서 그는 다른 곳에서 자주 썼던 "제자들"이나 "사도들" 혹은 "그 열둘"(혹은 그 열한 명)과 같은 표현을 쓰지 않고 대신 예수의 "친지"라는 모호한 표현을 쓰지요. 그러므로 예수가 십자가 처형을 당할 때 옆에 제자들이 있었느냐는 물음에 신뢰가 가는 답변은 마르코와 마태오의 증언입니다. 그들은 모든 제자가 도망쳤다고 확언합니다(마르 14:50, 마태 26:56). 그들은 아마도 예루살렘이나 주변 지역 어딘가에 몸을 숨기고 있었을 것입니다. 그리고 난 뒤 그들은 갈릴래아로 돌아갔습니다. 베드로 복음서도 이러한 견해를 지지합니다.

> 나(베드로)는 나의 동료들과 함께 슬픔에 빠졌다. 그리고 우리는 생각에 상처를 입고서 우리 자신을 숨겼다. 우리가 범죄자나 성전에 불을 지르려는 사람이기나 한 것처럼 그들에 의해 추적당하고 있었기 때문이다. (베드로 복음서 26)

이 마지막 요소는 신약 정경에는 나오지 않으며, 어떤 전설로 발전된 것임이 분명합니다. 예수가 공생애 시절 말했다고 전해지는 성전 파괴 위협을 여기서는 제자들도 말했다고 기록합니다. 예수의 가족, 특히 그의 어머니 마리아와 형제 야고보가 유월절 시기에 예루살렘에 있었을 가능성을 배제할 수는 없습니다. 하지만 요한 복음서 19:26-27을 근거로 마리아가 실제로 십자가 아래 있었다고 말하기는 불충분합니다.

십자가형이 끝나고 예수는 안장되었습니다. 예수를 어떻게 안장했냐는 문제는 언뜻 간단하게 답할 수 있을 것 같지만, 실제로는 그렇지 않습니다. 팔레스타인 지역에서 처형당한 시신은 대개 처형지 가까운 곳에 있는 공동묘지에 안장되었습니다. 당시 유대인들은 이 공동묘지를 다른 묘지와 구별했지요. 처형당한 시신의 부정결함이 올바르게 살았던 사람의 유해를 오염시켜서는 안 된다고 여겼기 때문입니다(신명 21:22-23).[36] 그러나 유대인들은 처형당한 이도 제대로 장례를 치를 수 있게끔 신경을 썼습니다. 시신이 "이 땅에 아무런 몫

---

[36] 시신의 살이 완전히 부패해 없어지기 전까지 시신의 부정결함은 지속되었습니다(*Sanhedrin*, 6.6(다른 미슈나 판본은 6.8)). 그 이후에 남은 뼈를 수습해 가족 유골함에 넣을 수도 있었습니다. 최근 예루살렘에서 발견된 십자가 처형당한 남자의 유골이 바로 그런 예에 해당합니다. 이장할 때 이 남자의 뼈들에 바른 연고(혹은 향료)의 흔적은 그 가족이 죽은 이를 계속 존중했고, 죽은 이가 누려야 하는 전통적인 권리를 완수하려고 노력했음을 보여줍니다.

이 없이 남겨지면" 그 사람은 "정당한 처벌 그 이상"을 받는 것이라고 여겼기 때문이지요.[37]

정경에 속한 모든 복음서와 베드로 복음서는 예수의 시신이 처형당한 사람들을 매장하는 공동묘지가 아니라 개인 무덤에 안장되었다고 한목소리를 냅니다. 예수를 경외했던 아리마태아 요셉이 이러한 예외 상황을 만든 것으로 보입니다.[38] 그는 예수의 시신을 내어달라고 빌라도의 승인을 요청했습니다. 빌라도는 승낙하고 아리마태아 요셉에게 예수의 시신을 내주었지요. 복음서들은 요셉이 예수를 자신의 무덤에 모셨다고 보도합니다. 하지만, 모든 자료가 동일한 목소리를 냈다는 이유로 이를 의심의 여지가 없는 사실로 받아들여서는 안 됩니다. 시신을 쉽게 안치할 수 있는 개인 사유의 무덤이 있었다는 것은 그리스도교인들의 변증에 필수적인 요소가 되었습니다. 이러한 무덤이 없다면 예수의 빈 무덤에 관

---

[37] Josephus, *Jewish Antiquities*, 4.8.24 §265.
[38] 마태오 27:60과 요한 19:41에서는 아리마태아 요셉이 예수의 시신을 정원에 있는 새 무덤에 안장했다고 보도합니다. 베드로 복음서는 다음과 같이 기록합니다. "그러자 유대인들은 기뻐하며 요셉에게 그분의 시신을 묻으라고 내주었다. 그분께서 행하신 좋은 일 모두를 그가 눈여겨보았기 때문이다. 그는 주님을 모셔 와 씻기고 아마포로 싸서 '요셉의 정원'이라 불리는 자기 소유의 무덤에 모셨다." (베드로 복음서 23-24)

한 이야기가 있을 수 없겠지요. 이러한 맥락에서 유대인들이 그리스도교인들의 주장을 반박했을 때 공동묘지의 익명성과 관련된 문제를 제기하지 않은 점은 무척 흥미롭습니다. 그들은 예수의 시신이 도둑맞았다는 악의적인 소문을 냈는데(마태 28:13-15, 베드로 복음서 30-33), 이러한 악의적 소문 자체가 예수의 시신이 특정 개인의 무덤에 안치되었음을 전제하고 있다는 것은 분명합니다. 이후로도 아리마태아 요셉 이야기의 역사성을 강화하려는 노력은 계속되었습니다. 하지만, 이러한 경향과 반대되는 본문도 있습니다. 사도행전 13:27-29는 복음서보다 더 오래되고 전설적 요소가 덜한 전승을 담고 있는 것으로 보입니다. 이 본문에 따르면 예수의 시신은 그를 단죄한 유대인들의 손에 의해 (거의 분명히) 공동묘지에 매장되었습니다.

IV

시간과 장소

역사가들은 성주간Holy Week 수난 사건이 일어난 장소와 사건 순서를 특정하는 데 미묘한 어려움을 겪습니다. 다락방부터 겟세마니, 대제사장의 집, 산헤드린 공회가 열린 방, 빌라도의 관저praetorium, 골고다, 예수가 안치된 무덤까지 이 중 어느 곳도 그 위치를 확실히 알 수 없습니다. 고고학적으로 각 장소의 위치를 특정하는 작업은 지나치게 복잡해서 여기에서 자세히 다루기는 어렵습니다. 여기서는 '올리브 압착기'라는 뜻의 겟세마니는 아마도 키드론 협곡 동쪽, 올리브 산 언덕이나 그 근처에 있었을 것이라 이야기하는 정도로 충분할 것입니다. 산헤드린 회합이 이루어진 장소에 대해 미슈나와 탈무드, 요세푸스의 저술은 일치된 목소리를 내지 않습니다. 신약성서는 이 문제를 더 복잡하게 만듭니다. 산헤드린 공회가 예수를 심문하기 위해 통상적으로 모이던 곳에서 열렸는지, 아니면 대제사장 저택에서 열렸는지 알려주지 않기 때문이지요. 고대 자료들에 따르면 빌라도는 "돌포장Lithostrotos 또는 히브리어로 가바다라고 하는 곳"에 있었다고 합니다(요한 19:13).[1] 그러나 이 자료들은 이 장소가 예루살렘 성전 북서쪽 모퉁이에 있는 안토니아 요새를 가리키는지 아니면 도시 서쪽에 있는 헤로데의 궁전을 가리키는지 구체적으로 말하지 않습니다. "프라이토리움"praetorium(마태 27:27)이라는 말조차 반드시 관저를 뜻하지는 않습니다. 당시 속주 행정 장관이 재판을 열기로 한 곳이라면 어디든 프라이토리움이라고 불렸기 때문이지요. 해골처럼 생긴 장소인 골고다와 예수의 시신이 안치된 무덤은 분명 서로 가까운 곳에 있었을 것입니다. 두 장소 모두 오늘날 많은 순례객이 찾는 성묘 교회the Church of the Holy Sepulchre 근처에 있었던 것으로 보입니다. 로마 황제 하드리아누스Hadrian는 여기에 아엘리아 카피톨리나Aelia capitolina(2세기에 재건축된 이방 예루살렘) 포

---

1 그리스어 '리토스트로스'Lithostros는 돌로 포장된 장소 또는 돌을 간 뜰을 뜻합니다.

룸forum(광장)을 만들었고, 덕분에 역사가들은 성묘의 위치를 추정할 수 있게 되었습니다. 그는 그곳에 아프로디테 신전을 세웠지요. 하드리아누스 황제의 도발적인 행동은 이곳이 원래 성스러운 장소였음을 암시합니다. 1세기부터 사람들은 이곳을 성스러운 곳으로 숭앙했는데 분명 성묘였을 것입니다.[2]

예수가 죽음을 맞이한 날을 파악하는 것도 마찬가지로 어렵습니다. 정경에 속한 복음서들은 모두 예수가 안식일 전날 금요일에 세상을 떠났다고 기록합니다(마르 15:42, 요한 19:31). 요한 복음서에서는 이날이 유월절 준비일인 니산월 14일이었다고 말합니다. 요한 복음서에 따르면 그해 유월절은 안식일과 겹쳤습니다(19:31). 이렇게 날짜를 제시하면서 요한은 성전에서 유월절 양이 도살되는 시간과 예수의 죽음을 같은 선상에 놓습니다. 그는 예수를 새로운 언약의 유월절 양(1:29,36, 19:36)으로 이해했기에 이러한 상징적인 연대기를 택한 것 같습니다. 이와 달리 마르코는 예수의 마지막 만찬을 유월절 식사로 묘사합니다. 마르코는 예수의 죽음이 유월절 당일, 니산월 15일에 일어났다고 보도합니다. 하지만 이러한

---

[2] Eusebius of Caesarea, *Life of Constantine*, 3.26-28.

마르코 복음서의 사건 시간 이해는 유형론적 의도를 담고 있으므로 역사적 사실이라고 보기 어렵습니다. 산헤드린 공회는 유월절에 열리지 않았으며 게다가 마르코는 유대 지도자들이 명절 기간에 예수를 처형하는 것을 피하려 했다고 말했습니다(14:2). "무교절의 첫날, 곧 유월절 양을 잡는 날"(14:12)이라는 이상한 표현은 마르코가 유대력Jewish calendar을 제대로 알지 못했음을 보여주는 것일 수도 있습니다.[3]

예수가 죽음을 맞이한 날을 알아내는 것은 여전히 어려운 문제로 남아있습니다. 신학적 이유로 니산월 14일이라고 보도하는 요한 복음서와 유대 관습을 잘 모르는 마르코 복음서 중 하나를 선택해야 하기 때문이지요. 예수 당시 사용된 두 개의 다른 달력(공인된 음력과 비공식적으로 사용된 양력)으로 이 문제에 접근하는 시도도 성서의 증언에 남아 있는 모든 어려움을 해결해 주지는 않습니다. 마르코가 해돋이를 하루의 시작으로 본 반면, 요한은 유대 전통을 따라 일몰을 하루의 시

---

3 양을 잡는 일은 명절 준비일에 행해졌습니다. 예수의 경우는 유월절 전날, 니산월 14일입니다. 레위기 23:6은 무교절 첫날을 니산월 15일이라고 하며 유월절도 같은 날이라고 말합니다. 마르코가 새벽을 하루의 시작으로 간주했다고 가정해야만 이러한 복잡한 문제가 해결될 수 있습니다. 그렇다면 양을 잡는 것은 오후에 있었고, 유월절 식사는 같은 날 저녁에 있었다고 볼 수 있지요. 하지만 이러한 제안은 설득력이 없어 보입니다.

작으로 간주했다며 둘의 조화를 꾀하는 시도도 있습니다.

예수 생애의 마지막 날에 있었던 사건들을 시간 순서로 배열하는 것도 복음서마다 차이가 있습니다. 마르코는 하루 안에 세 시간 간격으로 사건들이 일어났다고 서술하지요(14:72, 15:1, 25, 33, 34, 42). 이러한 흐름은 너무 규칙적이어서 역사적으로 정확하다고 보기 어렵습니다. 요한은 마르코가 짠 사건 발생 순서 중 두 개만 확증합니다. 수탉이 울기 전 베드로가 부인한 일(마르 14:72, 요한 18:27)과 이른 아침 첫 시간(오전 6시경)에 예수가 빌라도에게 넘겨진 일(마르 15:1, 요한 18:28). 하지만 마르코가 세 번째 시간(오전 9시경)에 예수가 십자가에서 숨졌다고 하는 것(마르 15:25)에 비해 요한은 빌라도가 여섯 번째 시간(오후 12시경)까지도 예수를 십자가형에 처하도록 넘기지 않았다고 기록합니다(요한 19:14). 베드로 복음서의 경우 예수가 정오에 십자가에 달렸다고 기록하며 요한의 사건 순서를 따릅니다(베드로 복음서 15). 이에 더해 베드로 복음서는 사건 발생 순서 중 하나를 더 정확하게 제시합니다. 마르코와 마찬가지로(마르 15:33), 베드로 복음서는 여섯 번째 시간부터 아홉 번째 시간까지(즉 오후 12시에서 오후 3시까지) 일식으로 세상이 어두워졌다고 보도합니다. 여기서 마르코 복음서보다 베드로 복음서는 한 발짝 더 나아갑니다. 이 복음서는 구체적으로 이 시각(오후 3시)에 예수의 시신이 십자가에서 내려졌다고 말합니다. 우리가 추정하고 알 수 있는 한도에서 말할 수 있는 사건 발생 순서는 다음과 같습니다. 오후 12시경 예수가 십자가에 못 박혔고 한낮에 숨졌으며 일몰 전에 매장되었습니다.

신약성서에서 예수의 사역을 역사 속에 자리매김할 수 있게 해주는 언급은 몇 되지 않습니다. 하지만 이러한 언급들을 바탕으로 역사가는 예수가 기원후 28년과 32년 사이에 죽었다고 확언할 수 있습니다. 요한 복음서를 따른다면 그는 니산월 14일 금요일에 세상을 떠났습니다. 이 보도를 근거로 하면 유대의 음력 기준으로 예수의 사망일은 둘(기원후 30년 4월 7일 금요일이거나 33년 4월 3일 금요일) 중 하나입니다.[4]

---

[4] 저는 이 복잡한 문제를 다룰 수 있는 전문가가 아니기에 다른 학자들의 연구에 의존했습니다. Jack Finegan, *Handbook of Biblical Chronology: Principles of Time Reckoning in the Ancient World and Problems of Chronology in the Bible* (Princeton, NJ: Princeton University Press, 1964), 285-98. 또한, 다음의 글을 참조하십시오. Alfred Jepsen and August Strodel, 'Zeitrechnung', *Biblisch-Historisches Handwörterbuch*, vol. 3 (Gottingen: Vandenhoeck & Ruprecht, 1966), cols. 2211-28.

V

결론

 예수가 받은 수난의 전모를 빠짐없이 목격한 사람은 없습니다. 그러므로 이 사건을 기술하고 싶은 이는 다른 목격자들의 증언에 의지할 수밖에 없었습니다. 게다가 모든 목격자는 일정한 매개를 거쳐 사건들을 바라보았습니다. 각 증인은 의식과 언어라는 렌즈를 통해 사건을 보았으며 의식과 언어는 그 자체로 해석을 동반했습니다. 그러므로 대제사장, 로마 군인, 예수의 제자가 재구성한 예수의 수난 사건은 필연적으로 다를 수밖에 없습니다. 유대 지도자라면 산헤드린의 역할을 강조했을 것이며 예수를 거짓 예언자로 기억했을 것입니다. 빌라도는 예수가 대제사장 앞에 서기 전까지 그에 대해 아무것도 알지 못했을 것입니다. 그리고 그의 눈에 예수는 정치적 선동가로 보였겠지요. 예수의 제자들은 자신들의 스승이 유대 지도자들, 그리고 로마 권력자들과 마주했음을 알았습니다. 하지만 스승의 운명을 판가름할 법과 세부절차에 대해 많은 지식을 갖고 있지는 않았을 것입니다. 그리고 빌라도보다는 유대인에게 책임을 지우는 경향이 있었지요. 또한, 그들은 절망했고 도망쳤으며 심지어는 자신이 예수를 따른다는 사실을 부인했습니다. 그리고 이를 인정했지요. 그렇다면 제자들이 현실을 변모시키는 하느님의 능력을 강조하기 위해 부활절에 대한 증언도 부풀리지는 않았을까요? 그럴 가능성도 있습니다. 하지만 어떠한 경우든 부활절 이후 예수에 대한 그들의 이해는 완전히 바뀌었습니다. 그전에도 제자들은 예수에게 이끌렸고 예수가 하느님에게서 왔다고 확언했지만, 그것이 정말 무슨 의미인지는 거의 이해하지 못했습니다.

수난 사화에 등장하는 모든 인물을 하나로 묶어주는 공통분모가 있습니다. 이들은 모두 유대인이 예수를 체포해 빌라도에게 고소했다고 알고 있습니다. 또한, 군중의 압력으로 빌라도가 예수를 정죄하고 처형했다고 알고 있습니다. 이러한 공통된 이해는 너무 단순해 거의 도식처럼 보입니다. 그리고 여기에는 피고인의 목적, 재판의 쟁점, 무엇보다도 이 야기의 결말인 부활이 빠져 있습니다. 이 사안들을 두고 역사가는 그리스도교 신학자와 대화를 해야만 합니다. 역사학으로는 입증할 수 없는 사건인 부활을 신학자는 새로운 시대가 출현한 사건, 옛 경륜에서 새로운 경륜으로 이동한 사건으로 받아들입니다.

부활은 시간의 경계를 초월하는, 따라서 역사를 초월하는 사건입니다. 하지만, 그럼에도 불구하고 부활은 부활이 일어난 시공간이라는 틀과 여전히 연결되어 있습니다. 최초 목격자들의 증언에 따르면, 부활은 예수가 하느님의 능력을 부여받은 사건이며 그가 메시아임을 공개적으로 드러낸 사건입니다. "메시아"의 그리스어인 "그리스도"는 부활을 통해 그 의미가 온전해집니다. 이전에 있던 모호한 부분, 유보적인 부분은 사라집니다. 같은 맥락에서 아람어든 그리스어든 "주님"이라는 호칭은 부활한 예수가 지닌 왕으로서의 권능을 뜻합니다. 사도행전에는 베드로의 오순절 설교가 나오는데, 여기에는 오래된 신앙 공식 문구가 담겨있습니다. 이 문구는 부활을 통해 일어난 변모를 분명하게 표현합니다.

여러분이 십자가에 처형한 예수를 하느님께서 주님이자 메

시아로 만드셨습니다. (2:36)

신약에서 가장 오래된 증언들은 승귀와 승천이라는 모티프를 반복하며 그리스도가 받은 새로운 권능을 찬미합니다.

> 이 예수를 하느님께서 일으키셨고 우리는 모두 그 증인들입니다. 그러므로 그분은 하느님의 오른편으로 높이 올려져 아버지로부터 성령의 약속을 받으셨고, 여러분이 보고 듣는 이것(성령)을 쏟아 주셨습니다. (사도 2:32-33)

맨 처음부터 초기 그리스도인들은 이스라엘 경전에서 자신들의 신앙을 확인했고 이를 통해 자신들의 유월절 메시지를 설명했습니다. 그들은 시편 110편(칠십인역의 경우 109편)의 첫 구절을 발견하고 기뻐하며 이를 예수 그리스도의 이야기에 적용했습니다.

> 주님께서 내 주께 말씀하신다. "내 오른쪽에 앉아 있어라. 내가 너의 원수들을 네 발받침대로 삼을 때까지." (110:1)

또한 그들은 다니엘서에 나오는 사람의 아들이라는 칭호를 사용했습니다. 그들은 예수가 받은 새로운 권능, 그의 재림을 경전이 예언하고 있음을 증명하기 위해 다니엘서 7:13-14를 활용했습니다.

> 내가 밤에 이러한 환상을 보고 있을 때에 사람의 아들 같은 이가 오는데, 하늘 구름을 타고 와서, 옛적부터 계신 분에게로 나아가, 그 앞에 섰다. 옛부터 계신 분이 그에게 권세와 영광과 나라를 주셔서, 민족과 언어가 다른 뭇 백성이 그를 경배하게 하셨다. 그 권세는 영원한 권세여서, 옮겨 가지 않을 것이며, 그 나라가 멸망하지 않을 것이다. (새번역)

최초의 그리스도인들은 자신들의 새로운 신앙이 가치 있으며 참임을 입증하기 위해 유대 경전에서 증거를 찾는 한편 부활 현현을 목격한 이들의 증언에서도 증거를 찾았습니다. 구체적인 제자들의 이름, 특히 막달라 마리아, 베드로, 야고보가 거론되었습니다. 심지어 목격자 목록들도 만들어졌지요. 바울은 그 목록 중 하나에 자신의 기억과 경험을 덧붙여 기록했습니다.

> 나도 전해 받은 가장 중요한 것을 여러분에게 전했습니다.

곧, 그리스도께서는 경전대로 우리 죄를 위해서 죽으시고 묻히셨으며, 또 경전대로 3일째 날에 일으켜지시고, 게바에게, 다음에는 그 열둘에게 나타나 보이셨습니다. 이어서 그분은 한번에 오백 명이 넘는 형제들 앞에 나타나 보이셨습니다. 그중의 대부분은 아직도 살아남아 있지만 몇몇은 잠들었습니다. 이어서 그분은 야고보에게, 그다음에는 모든 사도들에게 나타나 보이셨으며 맨 마지막으로는 이른둥이 같은 나에게도 나타나셨습니다. (1고린 15:3-8)

게바에게 나타난 일은 루가 복음서에서 엠마오로 가는 제자들 이야기 속 내용을 확증해 줍니다. 열한 제자는 글레오파와 그의 친구에게 "주께서 확실히 다시 살아나셔서 시몬에게 **나타나셨다**"고 확언해 주었습니다(루가 24:34, 시몬은 게바(그리스어로는 베드로이고 게바는 아람어이며 시몬의 별명)의 원래 이름입니다). **야고보**(의심의 여지 없이 제베대오(세베대)의 아들인 야고보가 아니라 예수의 형제 야고보)에게 나타난 일은 유대-그리스도교 복음서인 히브리인들의 복음서에도 기록되어 있습니다.

주님께서 제사장의 하인에게 세마포를 주신 뒤 야고보에게

가서서 그에게 (자신을) 드러내셨다.[1]

아무도 알 수 없는 이유로 막달라 마리아에게 나타난 일은 바울의 부활 목격자 목록에 빠져 있습니다(1고린 15:3-8). 유대 율법은 여성의 증언을 인정하지 않으므로 막달라 마리아의 증언이 어떤 이들에게는 못 미더웠을 수 있습니다. 그녀의 증언이 목록에 담긴 증언의 신뢰성을 높이기는커녕 떨어뜨릴 수도 있었기 때문이지요. 게다가, 초기부터 다양한 그리스도인 집단들 사이에 경쟁이 있었습니다. 막달라 마리아의 증언 위에 세워진 교회 공동체를 바울이 인정하지 않았을 가능성도 있습니다. 바울의 목록에는 없지만, 막달라 마리아에게 현현한 사건은 복음서 두 곳(요한 20:11-18과 마태 28:9-10)에 기록되어 있습니다(마태오 복음서의 경우 "다른 마리아"가 막달라 마리아와 동행한 것으로 나옵니다). 2세기경 덧붙여진 것으로 보이는 마르코 복음서 결말 부분도 부활한 예수가 막달라 마리아에게 현현한 이야기를 들려줍니다.

---

1 히에로니무스의 저작인 *De viris illustribus 2* (Patrologia Latina 23, cols. 642-43)에 단편이 실려 있습니다. 영어 번역본은 다음을 보십시오 *New Testament Apocrypha* (Louisville, KY: Westminster/John Knox Press, 1991), 178.

결론 | **149**

주간 첫째 날 새벽에 예수께서는 다시 일어나신 뒤에 막달라 마리아에게 처음으로 나타나셨다. 그분은 마리아에게서 일곱 귀신을 쫓아내 주신 적이 있다. 그 여자는 가서 슬퍼하며 울고 있던 그(예수)와 함께했던 이들에게 소식을 알렸다. 그들은 예수께서 살아 계시며 그 여자에게 목격되었다는 말을 들었으나 믿지 않았다. (16:9-11)

신약성서 연구자들은 종종 부활 사화를 두 종류(현현 이야기와 빈 무덤 이야기)로 나눕니다. 현현 이야기에서는 부활한 그리스도가 개인이나 집단에 나타나 자신이 온전히 살아 있음을 보입니다. 현현을 목격한 이들은 부활한 예수를 알아보지 못하는 경우가 왕왕 있는데 이는 십자가에서 못 박혀 죽었다 부활을 통해 얻은 생명이 얼마나 새로운지를 보여줍니다. 그의 부활은 나자로의 소생을 넘어서는 것으로 단지 잃었던 생명을 되찾은 일 이상의 사건이었습니다. 예수는 부활함으로써 자신의 신적 정체성을 회복했습니다. 그리고 이 정체성에는 성육신과 수난이라는 고유한 경험이 새겨졌습니다. 막달라 마리아가 그를 동산지기라 착각할 정도로 그는 변모한 것으로 보입니다(요한 20:15). 제자들 또한 호숫가에서 부활한 예수를 만났을 때 그를 알아보는 데 어려움을 겪었습니다(요한 21:4-7). 엠마오 이야기에서는 부활한 예수가 빵을 떼고 나서야 두 제자의 눈이 뜨여 예수를 알아봅니다(루가 24:30-31).[2] 요한 복음서 또한 부활한 이의 질적으로 새로운 정체성을 상세히 묘사합니다. 요한 복음서에서 그리스도는 문이 잠긴 위층 방을 아무런 어려움 없이 신비롭게 통과하며 그곳에 모인 이들 앞에 섭니다(요한 20:19,26). 이러한 행동 때문에 부활 현현을 유령의 출현으로 혼동하는 이들이 있을까 봐 루가 복음서의 그리스도는 제자들에게 식사를 제안하고 그들과 함께 구운 물고기 토막을 먹지요(루가 24:41-43).

부활한 이가 개인에게 나타난 이야기들은 부활을 입증하는 기능을 함과 동시에 부활한 이가 예수임을 알아보는 순간들을 묘사함으로써 이 땅에서 살았던 예수와 천상의 그리스도 사이에 연속성이 있음을 알립니다. 제자 집단에 나타난 이야기들은 좀 더 큰 목적을 지니고 있습니다. 이 이야기

---

[2] 후대에 가필된 마르코 복음서 결말은 엠마오 이야기를 다음과 같이 요약합니다. "이 일들이 있고 나서 그들 가운데 두 사람이 걸어서 시골로 가고 있었다. 예수께서는 다른 모습으로 나타나셨다. 그들이 돌아가서 남아 있는 사람들에게 알렸다. 그러나 그 (남아 있는) 사람들은 믿지 않았다"(마르 16:12-13). 이 짧은 구절이 루가 복음서 본문과 온전히 일치하지 않기 때문에 많은 주석가는 마르코 복음서에 덧붙여진 결말을 작성한 이가 루가 복음서 24:13-35보다는 구전 전승에 의존했다는 견해를 취합니다.

들은 선교 활동의 근거임과 동시에 교회가 어떻게 발전해야 하는지에 대한 견해를 제시합니다. 마태오 복음서에서 부활한 그리스도는 산에 모인 열한 명의 제자에게 임무(가서 온 땅에 복음을 전하라)를 줍니다(마태 28:16-20). 마찬가지로 루가 복음서에서 예수는 열한 명의 제자에게 더 큰 하느님의 계획을 설명하면서 그들을 위로합니다. 여기서 예수는 사역, 수난, 부활을 통해 성경을 성취한 이입니다. 그는 자기 주변에 모인 제자들에게 오순절에 성령이 내려올 거라고 말합니다. 그리고 그들을 자신의 부활과 하느님 나라의 도래를 선포하도록 부름받은 증인이자 선교사라고 부릅니다(루가 24:36-49, 요한 20:21-23).[3] 마르코 복음서에 덧붙여진 결말 부분도 비슷한 이야기를 보도하는데, 이 이야기는 마태오 복음서와 루가 복음서 이야기를 엮어 만든 것으로 보입니다.

그런데 나중에 열한 사람이 기대어 음식상을 받고 있을 때

---

[3] 사도행전은 성령이 온다는 약속이 성취되는 이야기를 전하며(사도 2:1-13) 제자들이 증인으로서의 임무를 어떻게 수행하는지 보여줍니다(2:32, 3:15, 5:32, 10:40-42). 예수의 부활을 선포하는 것(예를 들어 사도 2:24)은 하느님 나라를 선포하는 것(사도 28:31에 기록된 바울의 마지막 선포를 보십시오)과 예수의 전 생애와 사역을 이야기하는 것(사도 10:37-41을 보라)과 하느님의 아들이 다시 오실 것, 최종 심판을 있을 것임을 미리 말하는 것(예를 들어 사도 10:42과 17:31)을 모두 포괄합니다.

에 예수께서 나타나셨다. 그분은 그들의 불신과 완고한 마음을 꾸짖으셨다. 일으켜지신 분의 모습을 본 사람들의 말을 그들이 믿지 않았기 때문이다. 그리고 예수께서 그들에게 말씀하셨다. "온 세상으로 어디든지 가서 모든 창조물에게 복음을 선포하십시오. 믿고 세례를 받는 사람은 구원을 받을 것이고 믿지 않는 사람은 정죄받을 것입니다. 믿는 사람들에게는 이런 표징들이 따를 것입니다. 그들은 내 이름으로 귀신들을 쫓아내고 새로운 언어들을 말하며, 손으로 뱀을 집어 들 것이고, 치명적인 독을 마시더라도 그들은 아무런 해를 입지 않을 것이고, 아픈 사람들에게 손을 얹으면 건강해질 것입니다." (마르 16:14-18)

베드로 복음서의 경우에는 요한 복음서 21:1-14에 나오는 겐네사렛(게네사렛) 호숫가 부활 현현 이야기와 매우 유사한 장면을 이야기하다가 갑자기 끊어집니다.

> 무교절 마지막 날이었다. 축제일이 끝나서 많은 사람이 떠나 자신들의 집으로 돌아갔다. 하지만 주님의 열두 제자인 우리는 울며 슬퍼하고 있었다. 그리고 일어난 일 때문에 각자 슬퍼하며 자기 집으로 떠났다. 나 시몬 베드로와 내 형제

결론 | 153

안드레아는 우리의 그물을 가지고 바다로 떠났다. 그리고
알패오의 아들 레위도 우리와 함께 있었다. 그를 주님은 ...

(베드로 복음서 58-60)

두 번째 종류의 부활 사화는 빈 무덤 발견에 중점을 두고 있습니다. 안식일 후 아침(노동과 여행이 허용된 가장 이른 시간)에 방문자들(대부분의 이야기에서 여성)이 무덤에 도착합니다. 살아 있는 분을 만나러 간 것이 아니라 종교 예식을 따라 죽은 이를 추모하고 애도를 표하기 위해 향료를 가지고 있었지요. 베드로 복음서를 포함한 복음서들의 보도에 따르면, 방문자들은 굴려 치워진 돌과 빈 무덤을 보았습니다. 당혹해 하는 이들에게 천상의 전령 한 명 혹은 두 명이 등장해 무슨 일이 일어났는지를 설명해줍니다. 설명의 핵심은 하느님께서 예수 안에서 죽음에 승리를 거두셨고, 예수는 부활하셨으므로 무덤에 계시지 않는다는 것이었습니다. 빈 무덤 이야기는 마르코 복음서에 담긴 오래된 판본(이 판본에는 부활 현현이 없습니다)의 결말을 이룹니다(마르코 16:1-8). 마태오 복음서와 루가 복음서도 이 장면을 기록하며(마태 28:1-9, 루가 24:1-10), 베드로 복음서도 비슷한 이야기를 전합니다(베드로 복음서 50-57).

부활 현현 이야기는 남성 제자들에서, 빈 무덤 이야기는 여성 제자들에서 기원했다는 주장이 있습니다. 하지만 이러한 주장은 두 개의 서로 연관된 전승들, 즉 막달라 마리아를 중심에 둔 전승과 베드로를 중심에 둔 전승에 충분한 주의를 기울이지 않았습니다. 막달라 마리아에게 부활한 이가 나타난 이야기는 후대에 발전한 전설적 요소로 보기 어려우며, 베드로가 빈 무덤에 간 이야기가 역사성을 결여하고 있다고 보기도 어렵습니다. 마태오와 요한은 부활한 그리스도가 막달라 마리아에게 나타났다고 보도하며(마태 28:9-10, 요한 20:11-18), 루가와 요한은 둘 다 베드로가 빈 무덤에 갔다고 보도합니다(루가 24:12, 요한 20:3-10(여기서는 사랑받는 제자가 베드로와 동행합니다)).

부활 현현이 일어난 장소는 알기 어렵습니다. 마태오는 제자들이 갈릴래아로 돌아가 어느 산으로 갔다고 말합니다(마태 28:16). 그는 이 산을 언급하면서 (독자들이) 예수가 갈릴래아 지역의 산 위에서 전한 산상설교(마태 5:1)를 떠올리게 했습니다. 마찬가지로 요한 복음서 마지막 장과 베드로 복음서는 호숫가의 부활 현현 이야기를 갈릴래아 지역에서 일어난 사건으로 그립니다(요한 21:1-14, 베드로 복음서 60).[4] 루가는 이와 반대로 제자들이 예루살렘에 지내며 오순절과 성령의 임재를 고대한 것으로 그립니다. 루가는 부활 현현이 일어난 장소 중 하나인 엠마오가 예루살렘에서 도보로 불과 두 시간 걸리는 거리에 있었다고 구체적으로 말합니다(루가 24:13. * 약 11km). 루가 복음서에 따르면, 예수는 승천 날 제자들을 베다니아(베다니)로 인도했고(루가 24:50), 제자들은 예수가 떠난 뒤 다시 예루살렘으로 돌아왔습니다(루가 24:52). 분명 루가는 (아마도 이사 2:2-4에 나오는 예언의 영향을 받아) 예루살렘에 중추적 기능을 부여했습니다. 그러므로 부활 현현이 예루살렘에서 일어났다는 그의 보도는 신학적 목적을 지닌 것으로 이해해야 합니다. 가장 그럴듯한 설명은, 다른 사람이 알아볼 정도로 갈릴래아 억양으로 말했던 갈릴래아인인 제자들이 도망가는 와중에 자신들의 고향에 돌아갔다는 것입니다(마태 26:73).

부활 소식이 전해졌을 때 갈릴래아에 있던 그들은 굉장히 놀랐습니다. 부활 사건에 들뜬 제자들이 사실 확인 후 예루

---

[4] 성서학자 대다수는 요한 복음서 마지막 장을 후대에 덧붙여진 것으로, 후대 교회의 관심을 추가해서 나머지 요한 복음서의 신학적 관점을 수정하려는 의도로 덧붙였다고 추정합니다.

살렘에 돌아가 그곳에서 기다렸을 가능성도 있습니다. 무엇을 기다렸을까요? 아마도 '사람의 아들'의 귀환을 고대했을 것입니다. 그들은 기쁜 마음으로 성령을 받아들였습니다. 그리고 파루시아(재림)의 시작을 기대했습니다. 다른 부활 현현 사건들은 아마도 제자들이 행복하고 황홀한 체험을 한 초창기 예루살렘에서 일어났던 것 같습니다. 현실주의자였던 바울은 이 일련의 부활 현현이 사실상 끝났다고 말하려 했습니다. 아마도 그는 초기 그리스도인들이 부활절과 승천일 사이 시기에 의지하려는 모습은 별 이득이 되지 못함을 알고 있었을지도 모릅니다.

베드로 묵시록을 포함한 수많은 그리스도교 묵시록과 나그함마디에서 발견된 구세주와의 대화록 몇 편은 부활한 이가 제자들 가운데 현존했던 시기를 초기 그리스도인들이 어떻게 활용했는지를 보여줍니다. 그들은 부활한 이와의 긴 대화를 구성하거나 천상의 그리스도가 보여 준 새로운 계시들을 기록하면서 자신들의 종교적 이론을 뒷받침하는 근거를 얻을 수 있었습니다. 묵시록과 대화록들은 바로 그 산물입니다. 이 자료들은 그리스도교가 발흥한 몇 세기 동안의 그리스도교 신앙에 관한 유익한 정보를 제공합니다. 하지만 성육신한 한 사람의 마지막 날들과 그가 부활한 이후 수일간 일

결론 | 157

어난 일들을 역사적으로 재구성하는 데는 별다른 도움을 주지 못합니다.[5]

---

[5] 베드로 묵시록Apocalypse of Peter과 사도들의 편지the Epistle of the Apostles, 그리고 부활하신 구세주와의 대화를 기술한 작품들은 다음에서 볼 수 있습니다. *New Testament Apocrypha* (Louisville, KY: Westminster/John Knox Press, 1991) 나그함마디 문서에 있는 부활하신 이와의 대화들의 영역본은 다음을 보십시오. *The Nag Hammadi Library in English, Translated and Introduced by Members of the Coptic Gnostic Library Project of the Institute for Antiquity and Christianity, Claremont, California,* with an afterword by Richard Smith (San Francisco: Harper Collins, 1988) 또한 지금까지 라발 대학교 출판사the Presses de l'Université Laval(Québec)에서 '본문들'Textes 시리즈로 30권 출간된 나그함마디 콥트 총서Bibliothèque Copte de Nag Hammadi를 참고하십시오(*2022년 현재 36권까지 출간되었다).

부록 1. 루가 복음서 22:1-24:53*

예수님을 죽일 방법을 찾다

22 ¹ 넘는 명절(유월절)이라고 하는 누룩 없는 명절(무교절)이 가까워 오고 있었다. ² 대제사장들과 율법학자들이 예수님을 어떻게 없애 버릴지 방법을 찾고 있었다. 그들은 백성을 두려워하고 있었기 때문이다. ³ 그런데 사탄이 가룟 사람이라고 하는 유다에게 들어갔다. 그는 열둘의 수에 드는 사람이었다. ⁴ 유다는 나가서 대제사장들과 성전 치안 책임자들하고 함께 이야기를 나누었다. 그들에게 어떻게 예수님을 넘겨줄지에 대한 것이었다. ⁵ 그들은 기뻐했고, 유다에게 돈을 주기로 뜻을 모았다. ⁶ 유다는 선뜻 받아들였다. 그래서 유다는 좋은 기회를 찾아서 무리가 모르게 예수님을 그들에게

---

* 해당 수난 사화 번역은 새한글성경(2021)을 따랐으며 일부 인명, 지명만 해당 책 표기 방식인 공동번역 개정판에 맞추어 바꾸었음을 밝힌다.

넘겨주려고 했다.

넘는 명절을 준비하라고 하시다

7 누룩 없는 명절(무교절) 날이 왔다. 넘는 명절(유월절)의 양을 잡아야 하는 날이었다. 8 예수님이 베드로와 요한을 보내시며 말씀하셨다. "가서, 우리가 먹도록 우리를 위해 넘는 명절(유월절) 음식을 준비하세요." 9 그들이 예수님께 여쭈었다. "저희가 어디에서 준비하기를 바라십니까?" 10 예수님이 그들에게 말씀하셨다. "이보시게, 그대들이 도시 안으로 들어가면 어떤 남자가 그대들을 마주하여 올 텐데, 물 항아리를 나르고 있을 겁니다. 그러면 그가 들어가는 집으로 따라 들어가세요. 11 그리고 그 집 주인에게 이렇게 말하세요. '선생님이 주인장께 묻습니다. 내가 머물 방이 어디 있나요? 거기서 내가 내 제자들과 함께 넘는 명절(유월절) 음식을 먹으려고 하는데요. 12 그러면 그 사람은 그대들에게 위층에 있는 큰 방을 보여 줄 텐데, 자리를 깔아 놓았을 겁니다. 거기서 준비하세요. 13 그들이 나가서 보니 예수님이 자기들에게 말씀하신 그대로였다. 그들은 넘는 명절(유월절) 음식을 준비했다.

열둘과 함께 마지막 저녁을 드시다.

14 그리고 시간이 되자, 예수님이 음식을 드시려고 기대앉으셨다. 사도들도 예수님과 함께 앉았다. 15 예수님이 그들한테 말씀하셨다. "내가 고난을 겪기에 앞서 그대들과 함께 이 넘는 명절(유월절) 음식 먹기를 간절히 바라고 바랐습니다. 16 그대들에게 말합니다. 나는 넘는 명절(유월절) 음식을 다시는 절대 먹지 않을 겁니다. 넘는 명절(유월절)이 하느님 나라에서 이루어질 때까지는요. 17 그러고는 잔을 받아 들어 감사드리고 나서 예수님이 말씀하셨다. "이것을 받아서 그대들끼리 나누어 마셔요. 18 그대들에게 말합니다. 이제부터 나는 포도나무에서 난 것을 절대로 마시지 않을 겁니다. 하느님 나라가 올 때까지는요." 19 또 빵을 들어 감사드리시고 떼어 제자들에게 주셨다. 그러면서 말씀하셨다. "이것은 내 몸입니다. 그대들을 위해서 드려지는 몸입니다. 이 일을 거듭 행하여 나를 기억하세요." 20 잡수신 뒤에 마찬가지로 잔을 들고 말씀하셨다. "이 잔은 내 피로 맺은 새 언약입니다. 그대들을 위해서 쏟는 피입니다. 21 그런데 보세요. 나를 넘겨줄 사람의 손이 나하고 같은 밥상 위에 놓여 있습니다. 22 인자는 정해진 대로 갑니다. 그러나 끝장입니다. 인자를 넘겨주는 바로 그 사람은!" 23 그러자 그들은 자기들 가운데 누가

머지않아 이 일을 하게 될 사람인지를 두고 자기네끼리 서로 이러니저러니 하기 시작했다.

누가 더 높은 사람인지에 대해 말씀하시다

²⁴ 그들 사이에 다툼도 일어났다. 문제는 자기들 가운데서 누가 가장 높다고 생각되느냐 하는 것이었다. ²⁵ 예수님이 그들에게 말씀하셨다. "다른 민족들의 임금들은 그들의 주인 노릇을 하고, 권력 있는 사람들은 그들에게 좋은 일을 베푸는 사람이라 불립니다. ²⁶ 그러나 그대들이야말로 그렇지 않아요. 그대들 가운데서 가장 높은 사람은 오히려 가장 어린 사람처럼, 또 우두머리인 사람은 섬기는 사람처럼 되어야 해요. ²⁷ 누가 더 높은 사람입니까? 밥상머리에 자리 잡고 앉은 사람입니까, 섬기는 사람입니까? 밥상머리에 자리 잡고 앉은 사람 아닙니까? 그런데 나는 그대들 가운데서 섬기는 사람으로 있습니다. ²⁸ 그런데 그대들은, 내가 유혹받을 때 줄곧 나와 함께 머물렀던 사람들입니다. ²⁹ 그래서 나도 그대들에게 나라를 맡깁니다. 나에게 내 아버지께서 맡기신 것처럼요. ³⁰ 그대들이 내 나라에서 나와 한 상에서 먹고 마시도록 하려는 겁니다. 그대들은 임금 자리에 앉아 이스라엘 열두 지파를 심판하고 다스릴 겁니다."

베드로가 예수님을 모른다고 할 것이라고 하시다

31 "시몬, 시몬! 보세요. 사탄이 그대들을 마구 요구했어요. 곡식처럼 까부르려고요. 32 그런데 나는 그대를 위해 매달려 기도했어요. 그대의 믿음이 빛을 잃지 않게 해 달라고요. 그러니 그대도 언젠가 돌아선 뒤에는 그대의 형제자매들을 굳게 세우세요." 33 그러자 시몬이 예수님께 말씀드렸다. "주님, 주님과 함께라면 저는 감옥에도 죽는 자리에도 갈 준비가 되어 있습니다." 34 예수님이 말씀하셨다. "그대에게 말합니다. 베드로! 그대는 오늘 닭이 울기 전에 세 번, 나를 안다는 사실을 완전히 잡아뗄 겁니다."

이제는 상황이 달라졌다고 제자들에게 말씀하시다.

35 예수님이 제자들에게 물어보셨다. "내가 그대들을 돈주머니와 봇짐과 샌들도 없이 보냈을 때, 그대들에게 뭔가 모자란 게 있었나요?" 제자들이 대답했다. "아무것도 모자라지 않았습니다." 36 예수님이 말씀하셨다. "그러나 이제는 돈주머니 있는 사람은 챙겨 가기 바랍니다. 봇짐도 마찬가지입니다. 칼 없는 사람은 자기 겉옷을 팔아서 칼을 사기 바랍니다. 37 그대들에게 말합니다. 성경에 적혀 있는 이 말씀이 반드시 나에게서 이루어져야 합니다. '그가 범죄자들과 한통속으

로 여겨졌다'고 한 말씀이요. 나에 대해 성경에 적혀 있는 것이 그 끝에 다다라 있으니까요." 38 제자들이 말했다. "주님, 보십시오. 칼이 여기에 두 자루 있습니다." 예수님이 제자들에게 말씀하셨다. "이젠 됐습니다!"

올리브산에서 기도하시다

39 예수님이 성 밖으로 나가셔서 해 오시던 대로 올리브산으로 가셨다. 제자들도 예수님을 따라갔다. 40 그곳에 이르자 제자들에게 말씀하셨다. "기도하세요. 그래서 유혹에 빠져들지 않도록 하세요." 41 그러고는 예수님이 제자들로부터, 돌을 던져 닿을 만한 거리쯤 떨어져서 무릎을 꿇고 기도하셨다. 42 이렇게 기도하셨다. "아버지, 바라신다면, 이 잔을 나한테서 치워 주십시오. 그러나 나의 뜻이 아니라 아버지의 뜻이 이루어지기 바랍니다." 43 그런데 천사가 하늘로부터 예수님께 나타나서 힘을 북돋아 드렸다. 44 마음 졸이시면서 예수님은 더욱 힘써 기도하셨다. 예수님의 땀이 핏방울처럼 되어 땅에 떨어지고 있었다. 45 예수님이 기도하시던 곳에서 일어나서 제자들한테로 와서 보시니, 그들은 마음이 괴로워서 잠들어 있었다. 46 그래서 예수님이 그들에게 말씀하셨다. "왜들 자고 있나요? 일어나 기도하세요. 그리하여 유혹

에 빠져들지 않도록 하세요."

예수님이 붙잡히시다

47 예수님이 아직 말씀하고 계시는데, 보라, 한 무리의 사람들이 들이닥쳤다. 유다라 하는 사람, 곧 열둘 가운데 하나가 그들의 먼 앞에서 왔다. 유다가 예수님께 입을 맞추려고 가까이 다가갔다. 48 예수님이 그에게 말씀하셨다. "유다! 입맞춤으로써 인자를 넘겨주는 건가요?" 49 예수님 둘레에 있던 사람들이 닥칠 일을 알아차리고서 여쭈었다. "주님, 우리가 칼로 칠까요?" 50 그러고는 그들 가운데 어떤 사람 하나가 대제사장의 종을 내리쳐서 그의 오른쪽 귀를 잘라 버렸다. 51 그러자 예수님이 대답하셨다. "멈춰요! 그만둬요!" 그러고는 그 귀를 만져 그 사람을 고쳐 주셨다. 52 그러고는 예수님이 자기에게 들이닥친 대제사장들과 성전 치안 책임자들과 원로들한테 말씀하셨다. "강도를 덮치듯이 칼과 몽둥이를 들고나온 것이오? 53 날마다 내가 당신들과 함께 성전에 있는 동안에 당신들은 나한테 손을 대지 않았소. 그러나 이제는 당신들 시간이오. 어둠의 권력이 설치는 거요."

베드로가 거듭 예수님을 모른다고 하다

54 그들은 예수님을 붙잡아서 끌고 갔다. 그리고 대제사장의 집 안으로 데려갔다. 한편 베드로는 멀찍이 떨어져서 뒤따라가고 있었다. 55 사람들이 안마당 한가운데에 불을 피워 놓고 함께 앉아 있었다. 베드로는 그들 사이에 앉아 있었다. 56 그런데 어떤 여자종이, 베드로가 불빛을 마주하고 앉아 있는 것을 보았다. 그를 뚫어지게 바라본 뒤에 말했다. "이 사람도 그와 함께 있었어요." 57 베드로는 아니라고 하면서 말했다. "나는 그를 알지 못해요. 아가씨!" 58 잠깐 뒤에 다른 사람이 베드로를 보고서 말했다. "당신도 역시 그들과 한통 속이오." 그러나 베드로는 말했다. "형씨! 나는 아닙니다!" 59 한 시간쯤 지난 뒤에 다른 어떤 사람이 우기며 말했다. "참으로 이 사람도 그와 함께 있었어요. 이 사람도 갈릴래아 사람이거든요." 60 그러자 베드로가 말했다. "형씨! 당신이 무슨 말을 하는지 알지 못하겠군요!" 그리고 베드로가 아직 말을 하고 있는 동안에 곧장 닭이 울었다. 61 주님이 몸을 돌려 베드로를 빤히 들여다보셨다. 그러자 주님께 들었던 말씀이 그대로 베드로에게 떠올랐다. "오늘 닭이 울기 전에 그대는 세 번 나를 완전히 저버릴 겁니다" 하는 말씀이. 62 그래서 베드로는 밖으로 나가 몹시 괴로워하며 울었다.

예수님을 놀리고 매질하다

63 예수님을 붙잡아 두고 있는 사람들이 예수님을 매질하면서 놀려 댔다. 64 그들은 예수님이 못 보시게 가리고서 물어 댔다. "예언자처럼 알아맞혀 봐라! 너를 갈긴 사람이 누구냐?" 65 그들은 예수님을 거슬러 다른 모독적인 말도 많이 해 댔다.

유대아 최고의회에서 심문받으시다

66 날이 밝았을 때, 백성의 원로회, 곧 대제사장들과 율법학자들이 함께 모였다. 그들은 예수님을 자기들의 유대아최고의회(공회)로 끌고 나갔다. 67 그들이 말했다. "바로 당신이 그리스도란 말이오? 우리에게 말해 보시오." 예수님이 그들에게 말씀하셨다. "내가 당신들에게 말해도 당신들은 절대 믿지 않을 것이오. 68 내가 물어보아도 당신들은 절대 대답하지 않을 것이오. 69 그러나 이제부터 인자가 전능하신 하느님의 오른쪽에 앉아 있을 것이오." 70 그러자 모두가 말했다. "그러니까 바로 당신이 하느님의 아들이란 말이오?" 예수님이 그들한테 말씀하셨다. "내가 바로 그라고 당신들 스스로 말하고 있소." 71 그러자 그들은 말했다. "아직도 증언이 더 필요합니까? 우리가 직접 그의 입에서 들었습니다!"

빌라도에게 심문받으시다

23 **1** 그리고 거기 모인 군중이 다 일어나서, 예수님을 빌라도 앞으로 끌고 갔다. **2** 그들은 예수님을 고발하기 시작하며 이렇게 말했다. "이 사람을 우리가 보니 우리 민족을 잘못된 길로 이끌고 있습니다. 카이사르님에게 세금 바치는 것을 막고 있습니다. 자기가 그리스도, 곧 임금이라고 말합니다." **3** 빌라도가 예수님께 여쭈었다. "바로 당신이 유대아 사람들의 임금이오?" 예수님이 그에게 대답하셨다. "바로 당신이 그렇게 말하고 있소!" **4** 빌라도가 대제사장들과 무리들한테 말했다. "나는 이 사람에게서 아무런 잘못을 찾아내지 못하겠소." **5** 그러자 그들이 더 세게 말했다. "그가 백성을 마구 부추기고 있습니다. 유대아 전 지역의 곳곳에서 가르치면서요. 갈릴래아에서 시작해서 이곳까지 말입니다."

헤로데 앞에 서시다

6 빌라도가 듣고서는 그 사람이 갈릴래아 사람인지 물어보았다. **7** 그리고 예수님이 헤로데의 권한 아래 있는 것을 알고서 예수님을 헤로데한테 보냈다. 헤로데도 이즈음에 예루살렘에 있었다. **8** 헤로데는 예수님을 보고서 무척 기뻐했다. 사실 그는 예수님에 대해 듣고 있었기 때문에 오래전부터 예

수님을 보고 싶어 하던 참이었다. 또 예수님이 나타내시는 징표를 보고 싶어 하던 참이었다. ⁹ 헤로데는 예수님께 여러 말로 한참을 캐물었다. 그러나 예수님은 한마디도 답변하지 않으셨다. ¹⁰ 한편 대제사장들과 율법학자들이 서 있다가 예수님을 거칠게 고발했다. ¹¹ 헤로데도 자기 병사들과 더불어 예수님을 업신여기고 놀려 댔다. 그러고는 빛난 옷을 둘러 입혀서 예수님을 빌라도에게 돌려보냈다. ¹² 헤로데와 빌라도가 바로 그날에 서로 친한 사이가 되었다. 전에는 그들이 서로 적대하는 사이였다.

예수님을 십자가에 매달도록 넘겨주다.

¹³ 빌라도가 대제사장들과 지도자들과 백성을 함께 불렀다. ¹⁴ 그러고는 빌라도가 그들한테 말했다. "여러분은 이 사람을, 백성을 엇나가게 하는 사람이라 해서 나한테 데려왔소. 그리고 보시오. 내가 직접 여러분 앞에서 심문했소. 하지만 여러분이 그를 거슬러 고발하는 일의 까닭을 이 사람한테서 아무것도 찾지 못했소. ¹⁵ 헤로데도 마찬가지요. 헤로데도 이 사람을 우리한테 그냥 돌려보냈으니 말이오. 보시오. 그는 죽임을 당해야 마땅한 일을 아무것도 저지르지 않았소. ¹⁶ 그러므로 벌이나 주어서 그를 풀어 주겠소." ¹⁷ (없음)

18 그러자 그들이 한꺼번에 소리 질러 말했다. "이자를 없애 버리십시오! 바라빠를 우리에게 풀어 주십시오!" 19 바라빠는 예루살렘에서 일어난 어떤 민란과 사람 죽인 일로 감옥에 갇힌 사람이었다. 20 다시 빌라도가 그들에게 말을 건네 보았다. 예수님을 풀어 주고 싶어서였다. 21 그러나 그들은 소리를 질러 댔다. "그를 십자가에 매다십시오! 십자가에 매다십시오!" 22 빌라도가 세 번째로 그들한테 말했다. "이 사람이 무슨 나쁜 일을 했다고 그러시오? 죽일 만한 까닭을 그에게서 아무것도 찾지 못했소. 그러니까 벌이나 주어서 그를 풀어 주겠소." 23 그러나 그들은 예수님을 십자가에 매달도록 큰 소리로 계속 다급하게 요구했다. 그리고 그들의 목소리가 힘을 얻어 갔다. 24 그래서 빌라도는 그들의 요구를 들어주기로 결정했다. 25 민란과 사람 죽인 일로 감옥에 갇혀 있던 사람을 풀어 주었다. 그들이 요구한 그 사람을 말이다. 그러나 예수님은 그들의 뜻대로 하게 넘겨주었다.

십자가에 매달리실 곳으로 가시다
26 이제 그들이 예수님을 끌고 가는데, 마침 시몬이라는 어떤 키레네(키레나이카) 사람이 시골에서 오고 있었다. 그들은 시몬을 붙잡아 그에게 십자가를 메게 하고 예수님 뒤에서 지

고 가게 했다. 27 백성과 여자들이 큰 군중을 이루어 예수님을 따라가고 있었다. 여자들은 예수님 일로 가슴을 치며 슬피 울고 있었다. 28 예수님이 여자들 쪽으로 몸을 돌려 말씀하셨다. "예루살렘의 따님들, 나를 두고 울지 마세요. 오히려 그대들 자신들을 두고, 또 그대들 자식들을 두고 우세요. 29 보세요, 사람들이 이렇게 말할 날이 오고 있기 때문입니다. '복 있습니다. 아이 갖지 못하는 여자들, 아이 놓아 본 적 없는 아기집, 젖 먹여 본 적 없는 가슴이!' 30 그때에 사람들이 이렇게 말하기 시작할 겁니다. 산들에게는 '우리 위로 무너져 내려라!' 또 언덕들에게는, '우리를 덮어 버려라!' 31 그 까닭은 '사람들이 푸르른 나무에 이런 일을 한다면, 마른 나무에는 무슨 일이 일어나겠는가?' 해서지요." 32 나쁜 짓을 저지른 다른 두 사람도 예수님과 함께 처형당하게 되어 끌려가고 있었다.

십자가에 못 박혀 매달리시다

33 해골이라 하는 곳에 이르렀을 때, 거기서 그들은 예수님을 십자가에 못 박아 매달았다. 나쁜 짓 저지른 사람들도 그렇게 했는데, 한 사람은 오른쪽에 또 다른 한 사람은 왼쪽에 매달았다. 34 예수님이 말씀하셨다. "아버지, 저 사람들을 용

서해 주십시오. 저들은 자기들이 무슨 일을 하고 있는지 알지 못하니 말입니다." 병사들은 예수님 옷을 여러 몫으로 나누어 제비를 뽑았다. 35 백성은 서서 눈여겨보고 있었다. 한편 지도자들도 코웃음 치며 말했다. "그가 남들을 구원해 냈어. 그러니까 자기도 구원해 보시라지! 이 사람이 하느님의 그리스도, 곧 선택된 자라면 말이야." 36 병사들도 놀려 대며 예수님께 다가가서 포도 식초를 가져다 대었다. 37 그러면서 말했다. "바로 당신이 유대아 사람들의 임금이라면, 당신 자신이나 구원해 내 봐." 38 예수님 위쪽에 '유대아 사람들의 임금이 이 사람이다'라고 적어 놓은 표시판이 있었다. 39 나쁜 짓을 저질러 매달린 사람들 가운데 하나가 예수님을 모독하며 말했다. "바로 당신이 그리스도 아니오? 당신 자신과 우리를 구해 내 보시오!" 40 그러자 나쁜 짓 저지른 다른 사람이 그 말을 받아 나무라며 말했다. "네 놈은 같은 형벌을 받고 있다고 해서 하느님도 두려워하지 않느냐? 41 우리야말로 벌 받는 것이 정당하지. 우리가 저지른 짓에 마땅하게 받는 것이니까. 하지만 이분은 어긋난 일이라고는 아무것도 하지 않으셨다." 42 그리고 말했다. "예수님! 저를 기억해 주세요! 예수님 나라에 들어가실 때 말입니다." 43 예수님이 그에게 대답하셨다. "아멘 그대에게 말합니다. 오늘 나와 함께 그대는 낙원에 있을 것입니다."

숨을 거두시다

44 어느덧 낮 12시쯤 되었다. 어둠이 온 땅을 덮쳐 오후 3시까지 이어졌다. 45 해가 빛을 내지 않았기 때문이다. 한편 거룩한 곳(성소)의 나눔막(휘장) 한가운데가 찢어졌다. 46 그리고 큰 소리로 예수님이 부르짖으셨다. "아버지! 아버지 두 손에 내 목숨을 내맡깁니다!" 이렇게 말씀하시고 마지막 숨을 거두셨다. 47 일어난 일을 백명대장이 보고서 하느님께 영광을 돌리며 말했다. "과연 이 사람은 올바른 분이셨다!" 48 이 광경을 보려고 함께 와 있던 무리들이 모두, 일어난 일을 자세히 살펴보고는 가슴을 치며 돌아갔다. 49 예수님을 아는 사람들은 모두 멀찍이 떨어져 서 있었다. 갈릴래아로부터 함께 예수님을 따라온 여자들이 이 일들을 보고 있었다.

예수님을 바위 무덤에 모시다

50 보라. 어떤 사람이 있는데 이름은 요셉이고 유대아최고의회(공회) 의원이었다. 그리고 착하고 올바른 사람이었다. 51 이 사람은 유대아최고의회(공회)의 결정과 행동에 동의하지 않았다. 그는 유대아 사람들의 도시 아리마태아 출신으로,

하느님 나라를 바라면서 기다리고 있었다. 52 이 사람이 빌라도에게 가서 예수님의 시신을 내 달라고 요청했다. 53 십자가에서 그 시신을 내린 다음 고운 천으로 쌌다. 그러고는 바위를 깎아 내어 만든 무덤 안에 모셨다. 거기에는 아직까지 어떤 사람의 장례도 모신 적이 없었다. 54 때는 안식일을 준비하는 날이었고, 안식일이 밝아 오고 있었다. 55 여자들이 뒤따라갔다. 그들은 갈릴래아에서부터 예수님과 함께 온 사람들이었다. 그들은 그 무덤을 또 예수님의 몸이 어떻게 모셔졌는지를 지켜보았다. 56 그들이 돌아가서는 갖가지 향료와 향유를 준비했다. 그러나 안식일에는 그들이 계명에 따라 쉬었다.

예수님의 부활과 여자들

24 1 한 주간의 첫날 꼭두새벽에 여자들이 무덤으로 갔다. 준비해 두었던 여러 가지 향료를 가지고서 말이다. 2 그런데 보니, 그 돌이 이미 무덤에서 굴려 치워져 있었다. 3 그들이 안으로 들어가서 보니 주 예수님의 시신이 없었다. 4 여자들이 이 일을 두고 어리둥절해하고 있을 때였다. 그런데, 보라, 번쩍번쩍하는 옷을 입은 두 사람이 여자들 앞에 불쑥 다가섰다. 5 여자들은 두려움에 빠져 얼굴을 땅으로 숙였다. 이때

그 두 사람이 여자들한테 말했다. "그대들은 왜 살아 계신 분들 죽은 사람들 가운데서 찾고 있나요? 6 그분은 여기 계시지 않아요. 일으킴받아 살아나셨어요. 그분이 아직 갈릴래아에 계실 때에 그대들에게 어떻게 말씀하셨는지 떠올려 보세요. 7 그분이 이렇게 말씀하셨지요. '인자는 반드시 죄인들 손에 넘겨져서 십자가에 매달려야 합니다. 그리고 3일째 날에 살아 일어나야 합니다'." 8 그러자 예수님이 하신 말씀들이 여자들에게 떠올랐다. 9 그들은 무덤에서 돌아와 이 모든 일을 열한 명의 제자와 그 밖의 다른 모든 사람들에게 알렸다. 10 그들은 막달라 사람 마리아와 요안나와 야고보의 어머니 마리아와 그들과 함께한 그 밖의 여자들이었다. 그 여자들이 사도들한테 이것들을 말해 주었다. 11 사도들이 보기에 이런 말은 헛소리로 들렸다. 그래서 사도들은 여자들 말을 믿지 않았다. 12 그러나 베드로는 일어나서 무덤으로 달려갔다. 그가 몸을 굽혀 들여다보니 고운 삼베밖에 없었다. 베드로는 일어난 일을 혼자 몹시 놀라워하면서 돌아갔다.

엠마오로 가는 두 명의 제자에게 나타나시다

13 그런데, 보라, 그들 가운데 두 명이 바로 그날 어떤 마을로 가고 있었다. 예루살렘에서 11킬로미터쯤 떨어진 곳인데,

이름은 엠마오였다. ¹⁴ 그들은 일어난 이 모든 일을 두고 서로 대화를 나누고 있었다. ¹⁵ 그들이 대화를 나누며 의논하고 있을 때였다. 예수님이 몸소 가까이 다가가셔서 그들과 함께 걸어가셨다. ¹⁶ 그러나 그들의 두 눈은 뭔가에 씌어 예수님을 알아보지 못하고 있었다. ¹⁷ 예수님이 그들한테 말씀하셨다. "그대들이 걸어가면서 서로 주고받는 이 말들은 뭡니까?" 그들이 어두운 표정으로 멈춰 섰다. ¹⁸ 그 가운데 한 사람인 글레오바가 예수님께 대답했다. "예루살렘에 몸 들여 사시면서, 당신 혼자서만 요즈음 그곳에서 일어난 일을 알지 못하십니까?" ¹⁹ 예수님이 그들에게 말씀하셨다. "무슨 일 말이세요?" 그 사람들이 예수님께 대답했다. "나자렛 예수님 일 말입니다. 그분은 예언자였습니다. 하느님과 모든 백성 앞에서 일과 말에 능력이 있는 분이셨죠. ²⁰ 그런데 대제사장들과 우리 지도자들이 그분을 넘겨주어 사형 판결에 이르게 하고, 그분을 십자가에 못 박아 매달았습니다. ²¹ 우리는 그분이 머지않아 이스라엘을 풀려나게 할 분이라는 희망을 품고 있었습니다. 그러나 이게 다가 아닙니다. 이런 일이 일어난 지가 3일째입니다. ²² 그런데 우리 가운데 여자들 몇 명까지 우리를 정신 못 차릴 정도로 놀라게 했습니다. 그들이 새벽에 무덤에 다다랐습니다. ²³ 그러나 예수님의 시신을 찾아내지 못하고 와서 하는 말이, 천사들이 나타난 것을 보았다는 겁니다. 천사들은 예수님이 살아 계시다고 했답니다. 24 그래서 우리와 함께 있던 사람들 가운데 몇 명이 무덤에 가서 보니, 여자들이 말한 것과 같았습니다. 그러나 예수님을 보지는 못했습니다." 25 이때 예수님이 그들한테 말씀하셨다. "아, 우둔한 사람들! 예언자들이 말한 모든 것을 믿는 데 마음이 느리게 움직이는 사람들! 26 이런 일들을 그리스도가 반드시 겪고서 자기 영광에 들어가야 하는 것이 아니었던가요?" 27 그러고는 모세와 모든 예언자들로부터 시작해서 모든 성경에서 자기를 두고 적어 놓은 것들의 뜻을 그들에게 풀이해 주셨다. 28 이제 그들이 가려는 마을에 가까이 왔다. 예수님은 더 가려는 것처럼 하셨다. 29 그들은 억지로 권하며 말했다. "우리와 함께 머물러 주세요. 해 질 녘이고 이미 날도 저물었습니다." 그래서 예수님이 그들과 함께 머무시려고 들어가셨다. 30 예수님이 그들과 더불어 비스듬히 기대앉으셨을 때 일이다. 예수님이 빵을 들고 감사 기도를 드리셨다. 그러고는 떼어서 그들에게 건네주셨다. 31 그러자 그들의 눈이 확 열렸고, 예수님을 알아보았다. 이때, 예수님은 그들 앞에서 사라지셨다. 32 그들이 서로 말했다. "우리 마음이 우리 속에서 불 붙지 않았나요? 그분이 길에서 우리에게 말씀하실 때, 우리에게 성경을 자세히 설명해 주실 때 말입니다." 33 두 사람이 바로 그 시간에 일어나서 예루살렘으로 돌아갔다. 가서 보니, 그 열한 명과 또 그들과 함께하는 사람들이 모여 있었다. 34 그들이 말했다. "주님이 진짜 일으킴받아 살아나셨어요! 시몬에게 나타나 보이셨어요!" 35 그러자 그 두 사람은 길에서 있었던 일과 예수님이 빵을 떼실 때에 자기들이 예수님을 알아보게 된 일을 자세히 이야기해 주었다.

제자들에게 나타나시다

36 그들이 이런 일들을 말하고 있을 때, 예수님이 몸소 그들 가운데 서서 그들에게 말씀하신다. "평화가 너희들에게 있기를!" 37 그들은 겁을 먹었고, 두려움에 빠졌다. 그래서 유령을 보고 있는 것으로 생각했다. 38 예수님이 그들에게 말씀하셨다. "너희들은 왜 겁에 질려 있느냐? 무엇 때문에 너희들 마음에 의심이 생겨나느냐? 39 내 두 손과 내 두 발을 보아라. 나다, 나! 나를 잘 만져 보고, 잘 보아라. 유령에게는 살과 뼈가 없다. 그런데 너희들이 살펴보고 있는 것처럼 나에게는 있다." 40 이 말씀을 하시고는 그들에게 두 손과 두 발을 보여 주셨다. 41 기쁜 나머지 그들은 아직까지 믿지 못

하고 놀라워하고 있었다. 이때 예수님이 말씀하셨다. "여기 너희들에게 뭐 먹을 것이 좀 있느냐?" 42 그러자 그 사람들이 예수님께 구운 물고기 한 토막을 건네드렸다. 43 예수님이 받아 들고 그들 앞에서 잡수셨다. 44 예수님이 그들한테 말씀하셨다. "내가 아직 너희들과 함께 있을 때 너희들한테 이런 말을 했다. '나를 두고 모세의 율법과 예언서와 시편에 적힌 모든 것이 반드시 이루어져야 합니다'." 45 그때에 예수님이 그들의 생각을 환히 열어 성경을 깨닫게 해 주셨다. 46 그리고 예수님이 그들에게 말씀하셨다. "성경에 적혀 있기를, 그리스도가 고난을 겪고 죽은 사람들 가운데서 3일째 날에 다시 살아 일어난다고 했다. 47 또 그리스도의 이름을 내세워 죄 용서를 얻게 하는 회개가 모든 민족에게 선포된다고 했다. 예루살렘에서 시작해서 말이다. 48 너희들이야말로 이 일들의 증인이다. 49 보아라, 바로 내가 내 아버지께서 약속하신 것을 너희들 위로 보낼 것이다. 바로 너희들은 예루살렘에 앉아 있거라. 높은 데서 오는 능력을 덧입을 때까지는 말이다."

예수님이 들려 하늘로 오르시다
50 예수님이 그들을 밖으로 베다니아까지 데리고 나가셨다.

그리고 두 손을 들어 그들을 축복해 주셨다. ⁵¹ 예수님이 그들을 축복해 주실 때였다. 예수님이 그들에게서 떨어져 서셨고, 하늘로 들려 올라가셨다. ⁵² 그들은 예수님께 엎드려 절하고, 크게 기뻐하면서 예루살렘으로 돌아왔다. ⁵³ 그들은 늘 성전에 있으면서 하느님을 찬양했다.

부록 2. 베드로 복음서*

1.1 … 그러나 유대인들 가운데 아무도 자신들의 손을 씻지 않았다. 헤로데도, 헤로데의 재판관들 가운데 어느 누구도 (손을 씻지 않았다). 그들이 손을 씻고 싶어 하지 않자 빌라도가 일어섰다. 2 그리고 그때 헤로데 왕이 그들에게 주님을 끌고 가라고 명령하면서 말했다. "내가 그에게 하라고 당신들에게 명령한 것들은 어떤 것이든 다 하시오."

2.3 빌라도의 친구이자 주님의 친구인 요셉이 거기에 서 있었다. 요셉은 그들이 그분(예수)을 십자가형에 처하려는 것을

---

* '아크밈 단편'The Akhmim Fragment으로 불리는 P.Cair.10759 본문을 사역한 것이다. 폴 포스터Paul Foster가 그의 베드로 복음서 주석에서 확정한 본문을 저본으로 했다. 자세한 논의는 Paul Foster, *The Gospel of Peter: Introduction, Critical Edition and Commentary* (Leiden; Boston: Brill, 2010)을 참고하라. 아크밈 단편의 사진은 다음의 링크에서 볼 수 있다. http://ipap.csad.ox.ac.uk/GP/GP.html 옮긴이는 송혜경 박사의 유려한 번역(『예수님, 성경 바깥의 기억』(한님성서연구소, 2021))에서 많은 도움을 얻었으나, 본 번역은 그의 번역과 크게 다른 곳이 몇 군데 있고(그가 따른 그리스어 본문과 다른 본문을 저본으로 했기 때문이다) 직역을 추구했다.

알고서는 빌라도에게 가서 주님의 시신을 매장할 수 있게 해 달라고 요청했다. 4 그래서 빌라도는 헤로데에게 사람을 보내어 그분의 시신을 요구했다. 5 그러자 헤로데는 "형제 빌라도여! 아무도 그를 요구하지 않았더라도 안식일이 밝아 오므로 우리 자신이 그를 매장할 것이오. 왜냐하면 율법에 '처형당한 사람 위로 해가 져서는 안 된다'고 기록되어 있기 때문이오." 그래서 (빌라도는) 그들의 축제인 무교절 첫날 전에 그분을 백성에게 넘겨주었다.

3.6 그래서 그들은 주님을 받아서 거칠게 그분을 떠밀면서 달려가며 말했다. "우리가 그에 대한 권한을 가졌으니, 우리가 하느님의 아들을 끌고 갑시다." 7 그리고 그들은 그분에게 자주색 옷을 둘러 입히고 재판관의 의자에 앉히며 말했다. "공정하게 심판하시오, 이스라엘의 왕이여!" 8 그리고 그들 가운데 어떤 사람이 가시왕관을 가져와서 주님의 머리에 씌웠다. 9 그리고 서 있던 다른 사람들은 계속 그분의 얼굴에 침을 뱉었고, 또 다른 사람들은 계속 그분의 뺨을 때렸으며, 또 다른 사람들은 계속 갈대로 그분을 찔렀고, 또 다른 사람들은 계속 그분을 채찍으로 때리며 말했다. "자, 이 명예(를 표하는 행위)로 하느님의 아들을 예우합시다."

4.10 그리고 그들은 범죄자 두 명을 데려와 그들 중 가운데에

주님을 (두고) 십자가형에 처했다. 그러나 그분은 아무런 고통을 느끼지 않으셨기 때문에* 계속 침묵하셨다. 11 그리고 그들이 십자가를 세울 때 그 위에 "이 남자는 이스라엘의 왕이다"라고 썼다. 12 그리고 그분의 옷들을 그분 앞에 놓고 난 뒤, (여러 몫으로) 나누어서 그것을 걸고 제비를 뽑았다. 13 그런데 그 범죄자들 중 한 사람이 그들을 비난하며 말했다. "우리 자신은 우리가 행한 나쁜 짓들 때문에 이토록 고통을 당하오. 하지만 사람들의 구원자가 된 이 사람은 당신들에게 무슨 잘못을 했소?" 14 그러자 그들은 그에게** 화를 낸 뒤, 다리를 부러뜨리지 말라고 명령했다. 그분이 고통을 겪으며 죽게 하기 위해서였다.

5.15 정오가 되었다. 어둠이 온 유대 지역을 장악했다. 그들은 불안에 떨면서 그분이 아직 살아 있을 때 해가 질까 봐 걱정했다. 그들에게는 '처형당한 사람 위로 해가 져서는 안 된다'는 기록된 율법이 있었다. 16 그리고 그들 중 어떤 이가 말했다. "여러분은 그에게 쓸개즙을 신 포도주와 함께 마시게 하십시오." 그러자 그들은 (그것들을) 섞은 뒤 (그에게) 마시게

---
* 또는, 아무 고통이 없는 것처럼
** 문맥상 죄수 중 한 명을 가리킬 가능성이 크지만 "그분(주님)"을 가리키는 것일 수도 있다.

하였다. ¹⁷ 그리하여 그들은 모든 것을 성취하고 그들 자신의 머리에 죄를 끝까지 쌓았다. ¹⁸ 여러 사람이 등불을 들고 돌아다녔다. 밤이라 넘어질 수도 있겠다고 생각했기 때문이다. ¹⁹ 그리고 주님께서 소리 지르며 말씀하셨다. "나의 힘이여, 힘이여, (당신께서는) 나를 떠나셨습니다." 말씀을 마치시고 그분은 위로 들어 올려지셨다. ²⁰ 그리고 바로 그 시간에 예루살렘 성전 휘장이 두 갈래로 찢어졌다.

6.²¹ 그때 그들은 주님의 손에서 못을 빼내고 그분을 땅에 두었다. 그러자 온 땅이 흔들렸고 (사람들에게) 큰 두려움이 생겨났다. ²² 그때 태양이 빛났고 제9시(오후 3시)였음이 알려졌다. ²³ 그러자 유대인들은 기뻐하며 요셉에게 그분의 시신을 묻으라고 내주었다. 그분께서 행하신 좋은 일 모두를 그가 눈여겨보았기 때문이다. 그는 주님을 모셔 와 씻기고 아마포로 싸서 '요셉의 정원'이라 불리는 자기 소유의 무덤에 모셨다.

7.²⁵ 그러자 유대인들과 원로들과 사제들은 그들 자신이 어떤 악한 짓을 했는지 깨닫고 (자신들의) 가슴을 치며 말하기 시작했다. "우리의 죄에 화가 있으리라! 예루살렘의 심판과 끝이 가까이 왔다." ²⁶ 나(베드로)는 나의 동료들과 함께 슬픔에 빠졌다. 그리고 우리는 생각에 상처를 입고서 우리 자신

을 숨겼다. 우리가 범죄자나 성전에 불을 지르려는 사람이기나 한 것처럼 그들에 의해 추적당하고 있었기 때문이다. 27 우리는 밤낮으로 이 모든 일 때문에 슬퍼서 울면서 안식일까지 않아 금식했다.

8.28 그 시각, 온 백성이 수군대며 가슴을 치면서 말했다. "그의 죽음으로 이 엄청난 징표들이 일어났으니, 그가 얼마나 의로웠는지 (여러분은) 깨달으시오." 이렇게 말하는 것을 듣고 율법학자들과 바리사이파, 원로들은 서로 한자리에 모였다. 29 원로들은 두려워했다. 그래서 빌라도에게 가서 간청하며 말했다. 30 "사흘 동안 그의 무덤을 지킬 수 있도록 우리에게 군사들을 내어주십시오. 그의 제자들이 와서 그 시신을 훔치고, 백성들이 '그분이 죽은 이들 가운데에서 일어나셨다'고 생각하며 우리에게 악을 행하지 않게 하기 위해서요." 31 그러자 빌라도는 무덤을 지키도록 백명대장 페트로니우스와 함께 군인들을 그들에게 넘겨주었다. 그리고 그들과 함께 원로들과 율법학자들은 무덤으로 갔다. 32 그리고 백명대장과 군사들을 향해 큰 돌을 굴렸고, 거기에 있던 모든 사람이 그것을 무덤의 입구에 두었다. 33 그리고 일곱 봉인을 바르고 거기에 천막을 친 뒤 지키기 시작했다.

9.34 안식일 동이 틀 무렵, 봉인된 무덤을 보기 위해 예루살

렘과 주변 지역에서 군중이 왔다. 35 주님의 날이 시작되는 밤, 군인들이 두 명씩 짝을 이뤄 보초를 서고 있을 때 하늘에서 큰 소리가 났다. 36 (그들은) 하늘이 열리고 굉장한 빛에 휩싸인 두 남자가 거기에서 내려와 무덤으로 다가가는 것을 보았다. 37 그리고 입구에 놓였던 돌이 스스로 굴러가서 한편으로 이동했다. 무덤이 열렸고 젊은 두 남자가 안으로 들어갔다.

10.38 그 군인들은 (이것을) 보고서 백명대장과 원로들을 깨웠다. 그들도 (그곳을) 지키며 있었기 때문이다. 39 그들(군인들)이 자신들이 본 것들을 보고하는 중에, 세 남자가 무덤에서 다시 나오는 것을 보았다. 그리고 (그 군인들은) 두 남자가 한 남자를 떠받치고 있는 것과 그 남자들을 따르는 십자가를 보았다. 40 두 남자의 머리는 하늘까지 닿아 있었으나 그들의 손에 이끌려 가던 남자의 머리는 하늘보다 위에 있었다. 41 그리고 그들은 하늘에서 나는 소리를 들었다. 그 소리가 말했다. "너는 잠들어 있는 이들에게 메시지를 선포했느냐?" 42 그러자 십자가에서 응답이 들렸다. "예."

11.43 그래서 그들은 빌라도에게 가서 이 사실을 알려야 할지를 상의하기 시작했다. 44 그들이 여전히 생각을 하고 있을 때 하늘이 다시 열리는 것이 보였다. 그리고 어떤 남자가 내

려와서 무덤으로 들어갔다. 45 백명대장과 함께 있던 이들이 이를 보고 그들이 지키던 무덤을 떠나 밤 동안 빌라도에게 달려가서는, 그들이 본 모든 것을 보고하고 매우 괴로워하며 말했다. "정말로 이분은 하느님의 아들이었습니다." 46 빌라도가 대답하여 말했다. "나 자신은 하느님의 아들의 피로부터 깨끗하오. 이는 우리에게 인정된 바요." 47 그러자 그들 모두가 그에게 가서 애원하며, 백명대장과 군인들에게 그들이 본 것에 대해 어떤 것도 말하지 말 것을 명령해 달라고 간곡히 부탁했다. 48 그들이 말했다. "사실 우리에게는 하느님 앞에서 가장 큰 죄를 짓는 게 이롭습니다. 유대 백성의 손에 넘어가 돌에 맞는 것보다 말입니다." 49 그래서 빌라도는 백명대장과 군인들에게 아무것도 말하지 말라고 명령했다.

12.50 주일 새벽, 주님의 제자인 막달라 마리아는 유대인들을 두려워했다. 유대인들이 분노에 불타고 있었기 때문이다. 그래서 그녀는 사랑했던 망자를 위해 여인들이 관습에 따라 해야 할 일들을 주님의 무덤 앞에서 하지 못했다. 51 그녀는 자신의 친구들을 데리고 그분이 안치된 무덤으로 갔다. 52 그들은 유대인들이 자기들을 볼까 봐 계속 두려워하며 말했다. "그분이 십자가에 못 박히신 그날에 우리가 울 수도 없었고 가슴을 칠 수도 없었으니, 이제라도 그분의 무덤에서 그

렇게 합시다. 53 하지만 우리가 무덤 안으로 들어가 그분 곁에 앉아서 해야 할 일을 할 수 있도록 누가 우리를 위해 무덤 입구에 놓인 이 돌을 굴려줄까요? 54 돌이 너무 크니까요. 누군가 우리를 볼까 두렵기도 합니다. 그러니 우리가 할 수 없다면, 그분을 기억하기 위해 우리가 가져간 것을 (무덤) 문에 둡시다. 그리고 우리의 집으로 올 때까지 우리는 가슴을 치며 울 것입니다."

13.55 그들은 길을 나섰고, 무덤이 열려 있는 것을 발견했다. 그들은 다가가서 그곳에서 몸을 굽혔고, 빛나는 옷을 입은 아름다운 어떤 젊은이가 무덤 한가운데 앉아 있는 것을 보았다. 그 젊은이가 여자들에게 말했다. 56 "왜 왔습니까? 누구를 찾고 있나요? 십자가 처형을 당한 그분을 (찾는 것은) 아니지요? 그분은 일어나 떠나셨습니다. 하지만 여러분이 못 믿겠다면, 몸을 굽혀서 [거기] 그 자리를 보세요. 그분은 (거기에) 없기 때문입니다. 왜냐하면, 그분은 일어나셔서 그분이 보내심을 받았던 곳으로 떠나셨기 때문입니다." 57 그때 여자들은 두려워하며 도망쳤다.

14.58 무교절 마지막 날이었다. 축제일이 끝나서 많은 사람이 떠나 자신들의 집으로 돌아갔다. 59 하지만 주님의 열두 제자인 우리는 울며 슬퍼하고 있었다. 그리고 일어난 일 때문

에 각자 슬퍼하며 자기 집으로 떠났다. [60] 하지만, 나 시몬 베드로와 내 형제 안드레아는 우리의 그물을 가지고 바다로 떠났다. 그리고 알패오의 아들 레위도 우리와 함께 있었다. 주님은 그를 …

참고문헌

- **Moriz Wlassak**, 'Zum römischen Provinzialprozess', Sitzungsberichte der Akademie der Wissenschaften in Wien, Philosophisch-historische Klasse 190 Bd. 4. (Vienna: A. Hölder, 1919)

- **Georg Bertram**, Die Leidensgeschichte Jesu und der Christuskult. Eine form geschichtliche Untersuchung. (Göttingen: Vandenhoeck & Ruprecht, 1922)

- **Hans Lietzmann**, 'Der Prozess Jesu', Sitzungsberichte der Preussischen Akademie der Wissenschaften, Philosophisch-historische Klasse 1931, 14:313-22 (Berlin: Akademie der Wissenschaften, 1934)

- **Jack Finegan**, Die Überlieferung der Leidens - und Auferstehungsgeschichte Jesu (Giessen: A. Töpelmann, 1934)

- **Elias Bickermann**, 'Utilitas Crucis. Observations sur les récits du procès de Jésus dans les évangiles canoniques', Revue de l'histoire des religions 112 (1935), 169-241.

- **Hans Werner Surkau**, Martyrien in jüdischer und frühchristlicher zeit (Göttingen: Vandenhoeck & Ruprecht, 1938)

- **Fernand de Visscher**, Les édits d'Auguste découverts à Cyrène (Louvain: Bureau du Recueil, Bibliothèque de l'Université, 1940)
- **Vincent Taylor**, Jesus and His Sacrifice: A Study of the Passion-Sayings in the Gospels (London: Macmillan, 1943)
- **Jacques Moreau**, Les plus anciens témoignages profanes sur Jésus (Brussels: Office de publicité, 1944)
- **Karl Hermann Schelkle**, Die Passion Jesu in der Verkündigung des Neuen Testaments (Heidelberg: F. H. Kerle, 1948)
- **Hans-Georg Pflaum**, Essai sur les procurateurs équestres sous le Haut-Empire romain (Paris: A. Maisonneuve, 1950)
- **George Dunbar Kilpatrick**, The Trial of Jesus (London: Oxford University Press, 1953)
- **Nils Alstrup Dahl**, 'Die Passionsgeschichte bei Matthäus', New Testament Studies 2 (1955), 17-32.
- **André Parrot**, Golgotha et Saint-Sépulcre (Neuchâtel: Delachaux et Niestlé, 1955)
- **John Knox**, The Death of Christ: The Cross in New Testament History and Faith (New York: Abingdon Press, 1958)
- **Hans-Georg Pflaum**, Les Carrières Procuratoriennes Équestres Sous Le Haut-Empire Romain, 4 vols (Paris: P. Geuthner, 1960-61)
- **Olof Linton**, 'The Trial of Jesus and the Interpretation of Psalm 110', New Testament Studies 7 (1961), 258-62.
- **Hendrik van Oyen**, 'Neue Forschungen über den Prozess Jesu', Christlich-jüdisches Forum. Mitteilungsblatt der christlich-Jüdischen Arbeitsgemeinschaft in der Schweiz 26 (1961), 1-3.

- **Paul Winter**, On the Trial of Jesus (Berlin: de Gruyter, 1961)

- **Jochen Bleicken**, Senatsgericht und Kassergericht. Eine Studie zur Entwicklung des Prozessrechtes im früben Prinzipat, Abhandlungen der Akademie der Wissenschaften in Göttingen, Philologisch-historische Klasse 3 Folge 53 (Göttingen: Vandenhoeck & Ruprecht, 1962)

- **Jerry Vardaman**, 'A New Inscription Which Mentions Pilate as Prefect', Journal of Biblical Literature 81 (1962), 70-71.

- **A. N. Sherwin-White**, Roman Society and Roman Law in the New Testament (Oxford: Clarendon Press, 1963)

- **Fermín Camacho Evangelista**, 'La epistula di Claudio Quartino y el proceso en contumacia en las provincias(provincia Tarraconense)', Revue internationale des droits de l'antiquité, 3rd ser., 11 (1964), 299-319.

- **Jack Finegan**, Handhook of Biblical Chronology: Principles of Time Reckoning in the Ancient World and Problems of Chronology in the Bible (Princeton, NJ: Princeton University Press, 1964)

- **Jean Gaudemet**, 'La juridiction provinciale d'après la correspondance entre Pline et Trajan', Revue internationale des droits de l'antiquité, 3rd ser., 11 (1964), 335-53.

- **Eduard Lohse**, Die Geschichte des Leidens und Sterbens Jesu Christi (Gütersloh: G. Mohn, 1964)

- **Guido Lodovico Luzzatto**, 'In tema di processo provinciale e autonomia cittadina', Revue internationale des droits de l'antiquité, 3rd ser., 11 (1964), 355-62.

- **Fernand de Visscher**, 'La justice romaine en Cyrénaïque', Revue internationale des droits de l'antiquité, 3rd ser., 11 (1964), 321-33.

- **Jean Colin**, Les villes libres de l'Orient gréco-romain et l'envoi au supplice par acclamations populaires (Brussels: Latomus, 1965)

- **Annie Jaubert**, The Date of the Last Supper (Staten Island, NY: Alba House, 1965)

- **Pierre Benoit**, Passion et résurrection du Seigneur (Paris: Cerf, 1966)

- **Alvaro D'Ors**, 'Epigrafia juridica griega y romana (VIII)', Studia et Documenta Historiae et Juris 32 (1966), 35, 472, 522(bibliography).

- **Alfred Jepsen and August Strobel**, 'Zeitrechnung', Biblisch-historisches Handwörterbuch (Göttingen: Vandenhoeck & Ruprecht, 1966)

- **S. G. F. Brandon**, Jesus and the Zealots: A Study of the Political Factor in Primitive Christianity (Manchester: Manchester University Press, 1967)

- **Hans Conzelmann**, Zur Bedeutung des Todes Jesu : Exegetische Beiträge (Gütersloh: Gütersloher Verlagshaus, 1967)

- **Jean Gaudemet**, Institutions de l'Antiquité (Paris: Sirey, 1967)

- **Albert Vanhoye**, 'Structure et théologie des récits de la Passion dans les Evangiles synoptiques', Nouvelle Revue Théologique 99 (1967), 135-63.

- **S. G. F. Brandon**, The Trial of Jesus of Nazareth (New York: Stein and Day, 1968)

- **Pietro de Francisci**, 'Brevi Riflessioni intorno al 'processo' di Gesù', Studi in onore di Giuseppe Grosso, 3-25 (Torino: G. Giappichelli, 1968)

- **G. Longo**, 'Il Processo di Gesù', Studi in onore di Giuseppe Grosso, 529-605 (Torino: G. Giappichelli, 1968)

- **Hans Volkmann**, 'Die Pilatus Inschrift von Caesarea Maritima', Gymnasium 75 (1968), 124-35.

- **Josef Blinzler**, Der Prozess Jesu: Das jüdische und das römische Gerichtsverfahren gegen Jesus Christus auf Grund der ältesten Zeugnisse (Regensburg: F. Pustet, 1969)

- **Gerhard Schneider**, Verleugnung, Verspottung und Verhör Jesu nach Lukas 22, 54-71: Studien zur lukanischen Darstellung der Passion (Munich: Kösel, 1969)

- **Raimundo Vidal Pazos**, Jurídicas reflexiones entorno al proceso de Cristo (La Coruña: Academia Gallega de Jurisprudencia y Legislación, 1969)

- **Robert McL. Wilson**, 'The New Passion of Jesus in the Light of the New Testament and Apocrypha', Neotestamentica et Semitica: Studies in Honour of Matthew Black (Edinburgh: T. & T. Clark, 1969)

- **Ernst Bammel(ed.)**, The Trial of Jesus: Cambridge Studies in Honour of C. F. D. Moule (London: SCM Press, 1970)

- **T. Alec. Burkill**, 'Condemnation of Jesus: A Critique of Sherwin-White's Thesis', Novum Testamentum 12 (1970), 321-42.

- **Oscar Cullmann**, Jésus et les révolutionnaires de son temps. Culte, Société, Politique (Neuchâtel: Delachaux et Niestlé, 1970)

- **Joachim Gnilka**, 'Die Verhandlungen vor dem Synhedrion und vor Pilatus nach Markus 14,53-15,5'. Evangelisch-Katholischer Kommentar zum Neuen Testament, Vorarbeiten Heft 2, 5-21 (Neukirchen: Neukirchener Verlag, 1970)

- **Hans Grass**, Ostergeschehen Und Osterberichte (Göttingen: Vandenhoeck & Ruprecht, 1970)

- **Nicu Haas**, 'Anthropological Observations on the Skeletal

Remains from Giv'at ha-Mivtar', Israel Exploration Journal 20 (1970), 38-59.

- **Ferdinand Hahn**, 'Der Prozess Jesu nach dem Johannesevangelium: Eine redaktionsgeschichte Untersuchung', Evangelisch-Katholischer Kommentar zum Neuen Testament, Vorarbeiten Heft 2, 23-96 (Neukirchen: Neukirchener Verlag, 1970)

- **Eta Linnemann**, Studien zur Passionsgeschichte (Göttingen: Vandenhoeck & Ruprecht, 1970)

- **Eduard Lohse**, Review of The Trial of Jesus of Nazareth, by S. G. F. Brandon, Novum Testamentum 12 (1970), 78-79.

- **Joseph Naveh**, 'The Ossuary Inscriptions from Giv'at ha-Mivtar', Israel Explorarion Journal 20 (1970), 33-37.

- **Vass Tzaferis**, 'Jewish Tombs at and near Giv'at ha-Mivtar, Jerusalem', Israel Exploration Journal 20 (1970), 18-32.

- **William Riley Wilson**, The Execution of Jesus: 4 Judicial, Literary, and Historical Investigation (New York: Scribner. 1970)

- **Jacques Briend**, 'La sépulture d'un crucifie', Bible et Terre Sainte 133 (1971), 6-10.

- **David R. Catchpole**, The Trial of jesus: A Study in the Gospek and Jewish Historiography from 1770 to the Present Day (Leiden: E. J. Brill, 1971)

- **Haim Hermann Cohn**, The Trial and Death of Jesus (New York: Harper & Row, 1971)

- **Georges Crespy**, 'La signification politique de la mort du Christ', Lumière et Vie 101 (1971), 89-109.

- **Robert Gordis(ed.)**, 'Trial of Jesus in the Light of History: A Symposium', Judaism 20 (1971), 6-74.

- **Shlomo Pines**, An Arabic Version of the Testimonium Flavianum and its Implications (Jerusalem: Israel Academy of Sciences and Humanities, 1971)

- **Anton Dauer**, Die Passionsgeschichte im Johannesevangelium: eine traditionsgeschichtliche und theologische Untersuchung zu Joh. 18, 1-19, 30 (Munich:Kösel-Verlag, 1972)

- **Ralph Gorman**, The Trial of Christ: A Reappraisal (IN: Our Sunday Visitor, 1972)

- **William Horbury**, 'Passion Narratives and Historical Criticism', Theology 75 (1972), 58-71.

- **Vincent Taylor**, The Passion Narrative of St. Luke: A Critical and Historical Investigation (Cambridge: Cambridge University, 1972)

- **Hans Ruedi Weber**, 'Freedom Fighter or Prince of Peace', Encounter 8 (1972), 1-24.

- **E. Fuchs**, 'L'évangile de Jésus', Les Cabiers Protestants 1-2 (1973), 67-80.

- **Martin Hengel**, Jésus et la violence révolutionnaire (Paris: Cerf, 1973)

- **Gerhard Schneider**, Die Passion Jesu nach den drei älteren Evangelien (Munich: Kösel, 1973)

- **Gerard Sloyan**, Jesus on Trial: The Development of the Passion Narratives and Their Historical and Ecumenical Implications (Philadelphia: Fortress Press, 1973)

- **Edouard Dhanis(ed.)**, Actes Du Symposium International Sur La Resurrection De Jesus (Rome: Libreria editrice vaticana, 1974)

- **John E. Alsup**, The Post-Resurrection Appearance Stories of the Gospel Tradition: A History-of-Tradition Analysis (Stuttgart: Calwer-Verlag, 1975)

- **Martin Hengel**, Crucifixion in the Ancient World and the folly of the Message of the Cross (London: SCM Press, 1977) 『십자가 처형』 (감은사)

- **Samuele Bacchiocchi**, The Time of the Crucifixion and the Resurrection with Other Essays (MI: Biblical Perspectives, 1985)

- **Weddig Fricke**, Standrechtlich gekreuzigt: Person und Prozess des Jesus aus Galiläa (Frankfurt: Mai Verlag, 1986)

- **Gordon Thomas**, The Trial: The Life and Inevitable Crucifixion of Jesus (London: Bantam Press, 1987)

- **John Dominic Crossan**, The Cross That Spoke: The Origins of the Passion Narrative (San Francisco: Harper & Row, 1988)

- **Rudolf Pesch**, Der Prozess Jesu geht weiter (Freiburg: Herder Taschenbuch Verlag, 1988)

- **Rick Bauer**, The Anatomy of Calvary: An In-Depth Study of the Cross (MO: College Press, 1989)

- **Dale M. Foreman**, Crucify Him: A Lawyer Looks at the Trial of Jesus (Grand Rapids: Zondervan, 1990)

- **John Dominic Crossan**, The Historical Jesus: The Life of a Mediterranean Jewish Peasant (San Francisco: Harper Collins, 1991) 『역사적 예수 : 지중해 지역의 한 유대인 농부의 생애』 (한국기독교연구소)

- **James S. McLaren**, Power and Politics in Palestine: The Jews and the Governing of Their Land, 100 BC-AD 70 (Sheffield: JSOT Press, 1991)

- **Raymond E. Brown**, The Death of the Messiah, from Gethsemane to the Grave: A Commentary on the Passion Narratives in the Four Gospels (New York: Doubleday, 1994) 『앵커바이블 메시아의 죽음 1,2』 (CLC)

- **Simon Légasse**, Le procès de Jésus, l'histoire (Paris: Cerf, 1994)

- **John T. Carroll and Joel B. Green**, The Death of Jesus in Early Christianity (MA: Hendrickson, 1995)

- **John Dominic Crossan**, Who Killed Jesus?: Exposing the Roots of Anti-Semitism in the Gospel Story of the Death of Jesus (San Francisco: HarperOne, 1995)

- **Weddig Fricke**, Der Fall Jesus: Eine juristische Beweisführung (Hamburg: Rasch und Röhring Verlag, 1995)

- **Gerd Lüdemann**, What Really Happened to Jesus: A Historical Approach to the Resurrection (Louisville, KY: Westminster John Knox Press, 1995)

- **Gerard Sloyan**, The Crucifixion of Jesus: History, Myth, Faith (Minneapolis: Fortress Press, 1995)

- **Alan Watson**, The Trial of Jesus (Athens, GA: University of Georgia Press, 1995)

- **Martinus C. de Boer**, Johannine Perspectives on the Death of Jesus (Kampen: Pharos, 1996)

- **François Bovon**, L'Evangile selon saint Luc (9,51-14,35) (Geneva: Labor et Fides, 1996)

- **Peter Egger**, "Crucifixus sub Pontio Pilato": Das "Crimen" Jesu von Nazareth im Spannungsfeld römischer und jüdischer Verwaltungs- und Rechtsstrukturen (Münster: Aschendorff, 1997)

- **Rémi Gounelle and Zbigniew Izydorczyk**, Évangile de Nicodème (Turnhout: Brepols, 1997)

- **Ellis Rivkin**, What Crucified Jesus? Messianism, Pharisaisin, and the Development of Christianity (New York: UAHC Press, 1997)

- **Francesco Amarelli and Francesco Lucrezi**, Il processo contro

Gesù (Naples: Jovene, 1999)

- **Daniel Boyarin**, Dying for God: Martyrdom and the Making of Christianity and Judaism (Stanford, CA: Stanford University Press, 1999)

- **Pamela Binnings Ewen**, Faith on Trial (Nashville, TN: Broadman & Holman, 1999)

- **Michael Patella**, The Death of Jesus: The Diabolical Force and the Ministering Angel (Paris: J. Gabalda, 1999)

- **Erika Heusler**, Kapitalprozesse im lukanischen Doppelwerk. Die Verfahren gegen Jesus und Paulus in exegetischer und rechtshistorischer Analyse (Münster: Aschendorff, 2000)

- **Hanjo-Christoph Kollmann**, Die Kreuzigung Jesu nach Joh 19,16-22: Ein Beitrag zur Kreuzestheologie des Johannes im Vergleich mit den Synoptikern (New York: P. Lang, 2000)

- **Odette Mainville and Daniel Marguerat**, Résurrection: L'après-mort dans le monde ancien et le Nouveau Testament (Geneva: Labor et Fides, 2001)

- **Carleton Paget**, 'Some Observations on Josephus and Christianity', Journal of Theological Studies 52 (2001), 539-624.

- **Alexandru Neagoe**, The Trial of the Gospel: An Apologetic Reading of Luke's Trial Narratives (New York: Cambridge University Press, 2002)

- **Étienne Nodet**, Le Fils de Dieu: Procès de Jésus et Evangiles (Paris: Cerf, 2002)

- **François Bovon**, 'The Lucan Story of the Passion of Jesus', Studies in Early Christianity (Tübingen: Mohr Siebeck, 2003)

- **Richard Neitzel Holzapfel and Thomas Wayment(eds.)**, From the Last Supper through the Resurrection: The Savior's Final

Hours (Salt Lake City, UT: Deseret Books, 2003)

- **Molly Dewsnap Meinhardt(eds.)**, Jesus, the Last Day: A Collection of Essays (Washington, DC: Biblical Archaeology Society, 2003)

- **Armand Puig i Tàrrech**, Review of Le fils de Dieu: Procès de Jésus et évangiles, by Etienne Nodet. Biblica 84 (2003): 440-44.

- **Alice Whealey**, Josephus on Jesus: The Testimonium Flavianum Controversy from Late Antiquity to Modern Times (Bern: Peter Lang, 2003)

- **Ellen Aitken**, Jesus' Death in Early Christian Memory: The Poetics of the Passion (Göttingen: Vandenhoeck & Ruprecht, 2004)

- **Matthias Blum**, Denn sie wissen nicht, was sie tun : Zur Rezeption der Fürbitte Jesu am Kreuz (Münster: Aschendorff, 2004).

- **Daniel Boyarin**, Border Lines: The Partition of Judaeo-Christianity (Philadelphia: University of Pennsylvania Press, 2004)

- **Kathleen E. Corley and Robert L. Webb(eds.)**, Jesus and Mel Gibson's The Passion of the Christ: The Film, the Gospels and the Claims of History (New York: Continuum, 2004)

- **Mel Gibson, et al.,** The Passion of the Christ (Beverly Hills, CA: 20th Century Fox Home Entertainment, 2004)

- **Veselin Kesich**, The Passion of Christ (NY: St. Vladimir's Seminary Press, 2004)

- **Gerd Lüdemann**, The Resurrection of Christ: A Historical Inquiry (Amherst, NY: Prometheus Books, 2004)

- **Stephen J. Patterson**, Beyond the Passion: Rethinking the Death and Life of Jesus (Minneapolis: Fortress Press, 2004)

- **Peter J. Tomson**, Presumed Guilty: How the Jews Were Blamed for the Death of Jesus (Minneapolis: Fortress Press, 2005)

프랑수아 보봉 저서 목록

저서

- **De Vocatione gentium: Histoire de l'interpretation d'Act. 10:1-11, 18 dans les six premiers siecles** (Tübingen: Mohr/Siebeck, 1967)

- **Traduction oecuménique de la bible: Nouveau Testament** (공저, Paris: Cerf/Les Bergers et les Mages, 1972)

- **Les Derniers jours de Jésus: Textes et événements** (Neuchâtel: Delachaux et Niestlé, 1974, Genève: Labor et Fides, 2004(2판)) 『예수의 마지막 날들』 (비아)

- **Évangiles synoptiques et actes des apôtres** (공저, Paris: Desclée, 1981)

- **Place de la liberté : vivre libres selon le Nouveau Testament** (Aubonne: Moulin, 1986)

- **Luc le théologien** (Neuchâtel: Delachaux et Niestlé, 1978, Geneva: Labor et Fides, 1988(2판), 2006(3판))

- **Das Evangelium nach Lukas (Lk 1:1-9:50), EKKNT 3.1.** (Neukirchen-Vluyn: Neukirchener Verlag, Zurich: Benziger

Verlag, 1989)

- **Genèse de l'écriture chrétienne** (공저, Turnhout: Brepols, 1991)
- **Nouvel Age et foi chrétienne: Un dialogue critique à partir du Nouveau Testament** (Aubonne: Moulin, 1992)
- **L'Evangile et l'Apôtre: Le Christ inséparable de ses témoins** (Aubonne: Moulin, 1993)
- **Actes de l'apôtre Philippe: Introduction, traduction et notes** (공저, Turnhout: Brepols, 1996)
- **Das Evangelium nach Lukas (Lk 15:5-19,21), EKKNT 3.2.** (Neukirchen-Vluyn: Neukirchener Verlag. Zurich/Dusseldorf: Benziger Verlag, 1996)
- **Acta Philippi: Textus** (공저, Turnhout: Brepols, 1999)
- **Luke 1: A Commentary on the Gospel of Luke 1:1-9:50, Hermeneia: A Critical & Historical Commentary on the Bible** (MN: Fortress Press, 2002)
- **Studies in Early Christianity** (Grand Rapids: Baker Academic, 2005)
- **Dans l'atelier de l'exégète: du canon aux apocryphes** (Genève: Labor et Fides, 2012)
- **Luke 3: A Commentary on the Gospel of Luke 19:28-24:53, Hermeneia: A Critical & Historical Commentary on the Bible** (MN: Fortress Press, 2012)
- **Luke 2: A Commentary on the Gospel of Luke 9:51-19:27, Hermeneia: A Critical & Historical Commentary on the Bible** (MN: Fortress Press, 2013)

편집

- **Analyse structurale et exégèse biblique** (Neuchâtel: Delachaux et Niestlé, 1971)

- **Exegesis. Problèmes de Méthode et Exercices de Lecture** (Neuchâtel: Delachaux et Niestlé, 1975)

- **Les Actes Apocryphes Des Apotres: christianisme et monde païen** (Geneva: Labor et Fides, 1981)

- **Écrits apocryphes chrétiens I** (Paris: Gallimard, 1997)

- **The Apocryphal Acts of the Apostles** (Cambridge: Harvard University Press for the Harvard University Center for the Study of World Religions, 1999)

예수의 마지막 날들
- 십자가 사건의 역사적 재구성

| 초판 1쇄 | 2022년 2월 25일 |
| 2쇄 | 2022년 7월 31일 |

지은이 | 프랑수아 보봉
옮긴이 | 김선용

발행처 | 비아
발행인 | 이길호
편집인 | 김경문
편　집 | 민경찬
검　토 | 손승우 · 황윤하
제　작 | 김진식 · 김진현 · 이난영
재　무 | 이남구
마케팅 | 유병준 · 김미성
디자인 | 손승우

출판등록 | 2020년 7월 14일 제2020-000187호
주　소 | 서울시 강남구 봉은사로 442 75th Avenue 빌딩 7층
주문전화 | 010-2088-5161
이메일 | innuender@gmail.com

ISBN | 979-11-91239-61-4 (03230)
한국어판 저작권 ⓒ 2022 타임교육C&P

* 값은 뒤표지에 있습니다. 잘못된 책은 구입하신 곳에서 바꾸어 드립니다.
* 비아는 (주)타임교육C&P의 단행본 출판 브랜드입니다.